가족,
법정에
서다

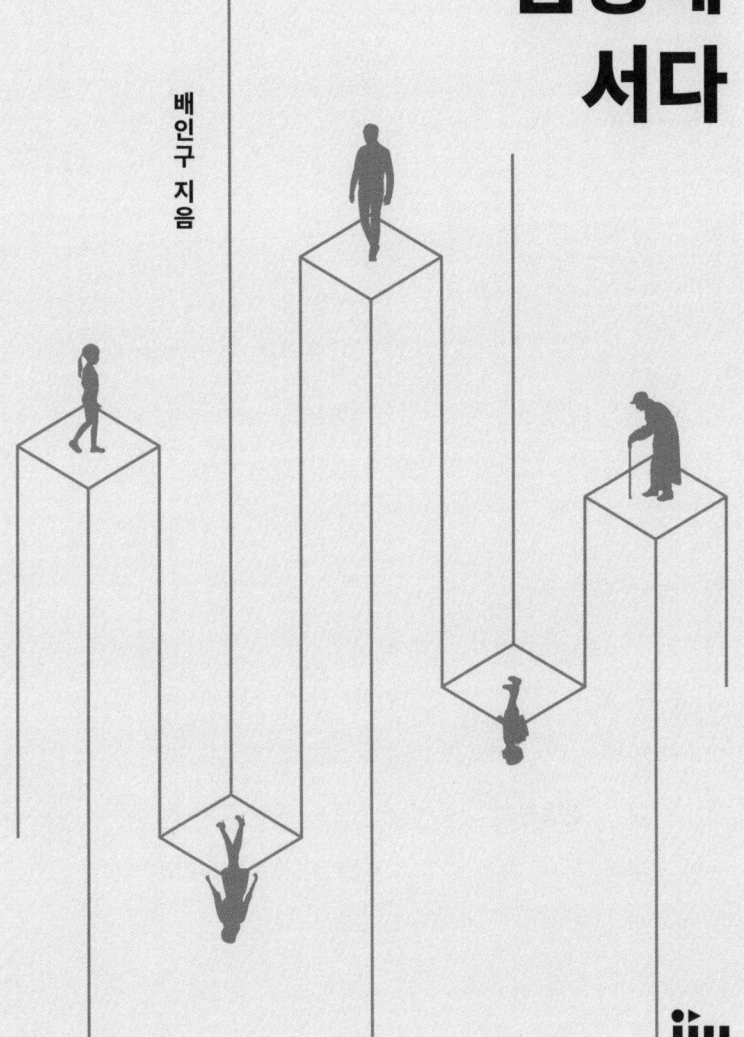
가족,
법정에
서다

배인구 지음

추천의 글

　가정법원에서 근무하던 판사 시절, 어느 대법관이 하시던 말씀이 떠오른다. 다른 법원에서는 주로 서양의 법을 이어받은 법들을 다루고 있지만 가정법원에서 다루는 법률만큼은 고유한 우리의 것이라는 취지셨다. 40여 년의 세월이 지난 후인 이제는 가족법조차도 많이 달라졌다. 가족 개개인의 인격을 존중하고 평등을 우선시하는 방향으로 계속 바뀌어 왔기 때문이다. 가족법과 관련한 사건의 특유한 어려움은 바로 이런 변화의 방향과 속도에 다툼이 있는 탓일 터이다. 가정법원의 전문 법관으로도 일했고 현재는 가족법 전문변호사로 활동 중인 저자는 누구보다도 예민하게 이 변화의 흐름을 읽고 있는 법률가이다.

가족법 관련 사례들은 대부분 우리가 일상에서 쉽게 접할 수 있고 우리의 일상에 깊은 영향을 끼친다. 그런데도 '우리의 것'과 '달라진 것'이 혼재되어 방향을 가늠하기는 쉽지 않다. 한나 아렌트는 이야기하기가 어둠을 밝히는 빛이라고 했다. 법원에서 근무할 때부터 가까운 후배로 지냈던 저자는 현장에서 경험한 가족법 관련 사례들을 이야기하기로 풀어서 어둠을 걷어 내려고 시도하고 있다. 가정법원 판사로 변호사로 일하며 겪었던 많은 사례들을 불러내어 살을 붙이고 어려운 법률이론을 대입하여 책으로 펴낸 것이다. 평소의 상냥함을 잃지 않은 채 법이라는 딱딱한 옷을 멋지게 입혔다. 법에 관한 쉬운 설명을 하는 것은 불가능하다고 늘 생각해 온 나로서는 그저 경탄할 뿐이다.

저자는 여기서 그치지 않고 아직도 사람들에게 상처를 입히면서 남아 있는 제도들을 지적하고 그 치유를 위해서 입법기관과 사법기관이 풀어야 하는 과제들에 대한 해답을 모색한다. 가족과 관련한 우리나라의 법 제도에 관심이 있는 초심자들은 물론 제도적 개선이 필요한 부분을 알고 싶은 전문가들도 꼭 한번 읽었으면 하는 책이다.

— 김영란 전 대법관

이야기를 시작하며

　가정법원의 업무는 가사, 소년·가정· 아동보호사건, 가족관계등록에 관한 사건을 처리하는 것이다. 이런 사건들은 대부분 혈연으로 혹은 법적으로 형성된 가족 안에서 벌어지는 일들이다. 으레 사람들은 가족을 든든한 울타리로 여기기 마련이지만 그렇지 않은 경우도 많다. 가족 간에 발생하는 신체적 정서적 폭력은 너무 잦고, 상속 문제로 형제끼리 멱살 잡는 일도 흔하다. 부모가 아이를 버리고 자식이 부모에게 칼을 휘두르는 일도 없지 않으며, 상속 재산 때문에 부모가 자식에게, 자식이 부모에게 소송을 거는 일도 더 이상 놀랍지 않다. 가장 오래 함께 부대끼며 산 사람들이어서 서로에 대해 잘 알고 있으므로 상대에게 가장 깊이 상처를 주기도 쉽다. 완전히 남이라면 이렇게까지 서운하거나 배신감이 들지 않을 일도 가족이어서 더 서운하고 더 깊은 배신감에 고통스럽다.

가정법원에서 다뤄지는 이런 사건들의 객관적인 사실관계와 그 밑에 깔려 있는 당사자의 주관적인 사정, 이 둘을 들여다보는 것은 20년 가까이 가정법원 판사로 재직했을 때나 가사상속 전문 변호사로 활동할 때나 크게 다르지 않다. 다만 판사로서는 사건을 서면으로 먼저 만나고 사건 당사자들의 감정보다는 법률관계를 잘 따져 보아 법리를 바탕으로 공정하게 판결하는 것을 우선으로 했다. 물론 사건에 연루된 이의 사정은 참작할 수 있으나 그것이 사건의 사실관계를 흐트러뜨리지는 않았다.

그러나 변호사가 되어 보니 의뢰인이 직접 찾아오고 그들의 속사정을 먼저 듣는다. 의뢰인의 입장에서 기술된 사실을 바탕으로 그들의 편에 선다. 그러다 보니 복잡다단한 인간의 마음을 좀 더 생생히 보게 되고, 실리나 합리적인 것과는 거리가 먼 싸움을 하는 의뢰인을 만나기도 한다.

예를 들어 이혼 소송 중인 의뢰인들 중 어떤 사람들은 본인이 원하지 않더라도 법원으로부터 이혼 판결을 받았을 때 그 판결에는 승복하더라도 판결문에 폭력적인 남편으로, 무책임한 아내로 남는 것만큼은 받아들일 수 없다고 한다. 위자료나 재산분할 소송에서 자신의 귀책사유를 고려하여 법원이 정한 위자료나 재산분할 액수는 받아들일 수 있어도, 상대방이 승소를 위해 거짓으로 주장한 사실관계가 그대로 인정된 것만큼은 다투어 바로잡고자 한다.

상속 분쟁도 크게 다르지 않다. 상속 분쟁이란 대부분 본인의 상속분을 늘려 상속재산을 좀 더 많이 받으려는 싸움이고, 법이 정한 조건에 따라 수학 공식처럼 작동되는 부분이 많다. 그런데 조금 더 들여다보면 거기에도 돈 이전에 사건 당사자들 간의 얽히고설킨 마음의 문제가 있다. 가령 장남만 편애한 부모에 대한 원망, 동생으로서 형에게 더 좋은 몫을 양보했는데 훗날 자신이 힘들 때 모른 척한 형에 대한 서운함 같은 감정이 문제의 핵심이었다. 결국 어떤 이들은 상속 분쟁을 통해 지난 세월 가슴에 쌓아둔 것을 쏟아 내고 싶어했고, 묵은 감정을 모두 밖으로 토해 내 응어리가 풀리고 나면 1원까지 계산하던 사람들이 쉽게 합의를 하기도 했다. 그런 일들을 지켜보면서 사건 당사자들이 자기 안에 쌓아둔 설움 같은 감정을 쏟아내는 것도 재판의 한 과정이라고 생각했다.

가정법원 판사로 재직했을 때 사건을 처리하면서 가족 간의 갈등이 조금이라고 더 깊이지지 않는 선에서 매듭지을 수 있는 방법이 무엇일까 자주 고민하곤 했다. 그 고민은 변호사가 된 지금도 하나의 화두가 되어 내 머릿속 한편을 차지하고 있다. 서로가 날을 세우는 다툼 속에서 한때 가족이었던 또는 여전히 가족으로 살아갈 사람들의 상처가 곪을 대로 곪아 만신창이가 되기 전에 봉합될 수 있는 최선의 선택지를 찾아내 그 곳으로 안내하는 역할, 그 일을 하고 싶었다. 물론 승소는 기쁜 일이지만 그보다는 실타래처럼 얽힌 법적인 문제들이나 사건 당사자들의 엉클어진 감정들이 나를 만난 뒤에 정리되고 제자리를 잡게 될 때 변호사로서 보람을 느꼈다.

김영란 전 대법관은 〈법률 신문〉에 기고한 한나 아렌트의 저서에 관한 글에서 이야기하기는 큰 미덕을 가지고 있다고 했다. 아마도 변호사가 된 이후 이런저런 글을 써두거나 〈법률 신문〉이나 〈중앙일보〉, 〈한경 머니〉 등에서 칼럼 연재를 요청해왔을 때 거절하지 않았던 것은 나 역시 어렴풋이 이야기하기의 힘을 느끼고 있어서일 것이다. 적어도 가족 간에 다양한 갈등이 생길 수 있다는 것을 사람들이 타인의 이야기를 통해서라도 미리 안다면 자신에게 비숱한 상황이 발생했을 때 좀 더 객관적으로 문제를 들여다보고 슬기롭게 해결할 방법을 찾을 수 있지 않을까 하는 바람이 있다. 이런 일이 나에게만, 내 가족에게만 있지 않구나 하는 위로도 될 수 있지 않을까 싶기도 했다.

메모처럼 남겨 두었던 글과 매체에 실었던 글의 일부를 모아 정리해 세상에 꺼내 놓는 일은 쉽지 않았으나 타인의 이야기가 누군가에게는 위로와 공감이, 때로는 갈등을 풀 수 있는 작은 실마리가 되어 주면 좋겠다는 마음으로 용기를 내 보았다.

이 책에 실린 이야기들은 가정법원 판사로 재직하면서 경험했던 사건과 변호사로서 마주했던 사건들을 바탕으로 했고, 언급되는 사연들은 기억을 바탕으로 각색했다. 1부에는 이혼, 양육권, 친생자관계존부확인, 성본 변경, 입양 등과 관련한 이야기들을 담았다. 2부는 상속에 관한 이야기로 〈한경 머니〉에 연재했던 칼럼들 중 일부를 모아 매만졌다. 상속과 관련해서는 법률용어가 많고 글의 분위기가 앞부분과 달라서 고민했으나 이 부분 역시 가족 간에 미리 함께 생각해 봐야 하는 내용이라고 보아 그대로 실었다.

김영하 작가는 "타인의 모습에서 나를 발견하는 것이 사랑"이라고 이야기했다. 이 책에 담긴 타인의 이야기를 통해 그 동안 외면하거나 꾹꾹 눌러왔던 자신의 감정들을 자연스럽게 꺼내어 바라보고 치유할 수 있는 작은 기회가 될 수 있다면, 그리고 가족의 의미에 대해 다시 한번 생각해볼 수 있는 시간이 될 수 있다면 더 없이 기쁠 것 같다.

― 2025년 여름, 배인구

차례

4 추천의 글
6 이야기를 시작하며

1부 부부, 부모, 아이들의 사정

17 아이의 성본변경 기준은 무엇이어야 할까?
26 진실은 조정되지 않는다
31 유책주의에 대한 회의
38 이혼 부부의 공동양육은 가능할까?
46 독신자도 친양자입양을 할 수 있다면
55 부부가 해로한다는 것
61 사랑해서, 사랑하기 때문에
68 〈더 글로리〉의 전재준은 법적으로 딸을 찾아올 수 있을까?
78 이상적인 혼인의 형태란 무엇일까?
87 성년후견이 필요한 이유
93 미성년자의 후견인을 결정하는 기준
101 6월에 가을 국화를 꿈꾸며

2부 상속에 관한 사정

111 상속이란 무엇인가?

121 생전 증여의 유불리에 관하여

130 생전에 합의한 상속재산분할 약정

135 고마운 자식에게 생전 증여하는 것이 유리할까?

141 배우자의 간병과 기여분에 관한 단상

151 배우자의 상속분과 장기거주권에 관하여

157 사망한 남편의 정자로 태어난 아이의 상속은?

165 채무만 상속받은 미성년자 보호에 관하여

176 상속포기와 한정승인

183 미국 시민권자의 증여에 대해 유류분반환을 청구할 수 있을까?

189 자필증서 유언은 어떻게 남겨야 할까?

194 치매 환자가 작성한 유언도 유효할까?

199 돌봄과 상속에 대한 노년의 불안을 해소할 대안이 있다면?

207 이야기를 마치며

일러두기
본문에 사용된 법률용어는 법률용어의 특수성을 고려해서 우리말 맞춤법과 달리 법원에서 사용하는 용례에 따랐다.

1부

부부, 부모, 아이들의 사정

아이의 성본변경 기준은 무엇이어야 할까?

　한 사람의 성명姓名에서 성은 자기 존재의 시작점으로 보통 부모의 것을 따르며 이름에는 아이가 세상에서 어떤 존재로 성장하고 어떤 모습으로 살아가기를 바라는 부모의 마음이 담겨 있다. 태어날 때 정해진 성과 이름은 고스란히 그의 뿌리가 되고, 대체로 많은 이가 하나의 성과 이름으로 평생을 산다. 물론 어떤 이들은 나름의 이유로 예명을 쓰기도 하고, 특이한 이름을 가진 사람들 중에는 개명 신청을 하는 이들도 있지만 그것은 대개 성인이 된 이후 자의로 선택하는 일이다. 그런데 만약 미성년인 아이가 어른의 사정으로 제 성과 이름을 여러 번 바꾸게 된다면 아이는 어떤 영향을 받게 될까.

A가 남편과 이혼했을 당시 아들은 4살이었다. 그때만 해도 성본변경에 대한 법률이 없었기 때문에 A는 재혼했어도 아들은 전 남편의 성을 따랐다. 사실 아이가 어릴 때는 아이의 성본姓本이 크게 문제 되지 않는다. 그러나 아이가 학교에 입학할 때가 되거나 병원에 입원이라도 하게 되면 가족관계증명서나 주민등록등본 등의 서류가 필요하고, 이때부터 한 부모 가정이나 재혼 가정의 고민은 시작된다.

보통 이런 경우 위 사례를 예로 들면 엄마인 A가 세대주가 된다. 주민등록등본은 세대주와 세대원을 기준으로 하고 세대주 중심으로 자녀 관계, 배우자 관계가 형성되기 때문이다. 재혼한 남편이 세대주라면 아이는 자식이 아닌 세대주의 '동거인'이 되지만 엄마인 A가 세대주이면 적어도 주민등록등본 상에는 세대주 본인, 배우자, 자녀로 기재된다. 반면 아이가 '본인'이 되는 가족관계증명서는 가족사항의 부父 항목에 친부가 기재된다.

2008년 성본변경이 가능해지자 A는 주민등록등본 상에서라도 현재 배우자와 친아들의 성을 같게 하고 싶었다. 다만 성본변경을 위해서는 아이의 친부인 전 남편의 의사를 확인해야 했는데, 전 남편은 아이의 성본변경에 동의하지 않았다. 물론 친부가 동의를 해야만 변경할 수 있는 것은 아니다. 더욱이 친부가 양육비를 부담한 적이 없거나 아이를 만난 적이 없다면 성본변경에 동의하지 않는 친부의 의사는 억지스러운 것이라서 굳이 심문기일(법원이 사건에 관련된 당사자나 증인을 소환하여 질문하고 답변을 듣는 절차)을 진행하지 않고 아이의 성본을 변경할 수도 있다. 그러나 당시 가정법원 판사로 재직 중이었던 나는 A와 이혼 후 아이를 한 번도 보지 않고 양육비도 주지 않았으면서 성본변경에 동의하지 않은 친부의 진의가 궁금했다. 혹시 아이를 보고 싶어서 그런 것일까. 고민 끝에 이 사건 청구인인 엄마 A와 사건본인인 아이, 친부 모두를 법원으로 오라고 했다. 아이가 친부를 만나는 것은 10년 만이었다.

한자리에 모인 친부와 아이는 서로 서먹해했다. 아이는 엄마와 이혼한 후 한 번도 자신을 찾지 않은 아버지가 자신을 버렸다고 생각하고 있었고, 친부인 남자는 훌쩍 커버린 아들을 낯설어 했다. 지난 세월 아들을 찾지 않은 것에 대한 미안함도 있었을 것이다. 두 사람은 서로 마주보지 않고 주뼛거리며 거리를 뒀다. 나는 그런 두 사람을 지켜보다가 한 가지 과제를 내줬다.

"○○ 님, 법원 1층에 구내 매점이 있어요. ○○ 님은 사건본인 데리고 매점에 가서서 같이 아이스크림 사 드시고 오세요. 함께 아이스크림 드시면서 이야기도 나누시고. 한 시간 뒤에 이 법정에서 다시 뵙죠."

의아한 얼굴을 하던 친부는 내가 시선을 거두지 않자 주춤거리며 자리에서 일어났다. 나는 아이가 먼저 법정 밖으로 나가는 걸 본 후에 그를 잠시 불러 세웠다.

"○○ 님께 한 가지 부탁합니다. 아이에게는 미안하다고 이야기해 주세요. 꼭 그렇게 해 주셔야 합니다."

그는 말없이 끄덕이고는 몸을 돌려세웠다. 그가 아이에게 사과를 할지, 무슨 말을 어떻게 할지 알 수 없었으나 내가 부탁할 수 있는 것은 거기까지였다.

현재 아이는 친모와 새아버지와 함께 안정적으로 잘 지내고 있고 친부가 아이를 키울 형편이 아니었으므로 아이 입장에서도 성본변경되는 것이 나았다. 그러나 나는 그런 사정을 근거로 법원이 결정하기보다는 친부도 지금과 같은 사정을 받아들이고 아이의 성본변경에 동의해 주기를 바랐다. 그 이전에 친부로부터 버림받았다고 생각하는 아이의 상처를 다독여 주고 싶었고, 그것은 친부가 가장 먼저 해야 할 몫이라고 생각했다.

한 시간 뒤, 다시 법정으로 돌아온 두 사람은 여전히 어색해했지만 처음보다 편안해 보였다. 친부인 남자는 아이를 항상 보고 싶었고, 뭐라도 해 주고 싶었지만 어떻게 해야 할지 몰랐다면서 이렇게라도 아이를 만나서 다행이라고 했다. 그러면서 아이의 성과 본을 새아버지 것으로 변경하는 데 동의했다. 그뿐만 아니라 이제부터라도 아이에게 매달 용돈을 보내겠다고 했고, 아이와 서로 휴대폰 번호를 교환했다고도 했다. 앞으로 정기적으로 면접교섭을 하고 싶다는 말도 덧붙였다. 두 사람 사이의 거리는 한 시간 전보다 가까워 보였고 굳어 있던 아이의 얼굴에는 옅게 생기가 돌았다. 이런 두 사람의 모습에 나는 괜히 울컥해져서 두 사람에게 큰소리로 말했다.

"아우, 그러고 있지 말고 둘이 좀 안아 봐요! 제 부탁이에요!"

두 사람은 내 말에 멋쩍은 얼굴을 하고는 어색하게 슬쩍 서로에게 팔을 둘렀다. 그리고 이내 친부가 아이를 잠시 꼭 안았다. 사람들 대부분은 마음은 굴뚝 같은데 어색하고 낯설어서 표현을 잘 하지 못한다. 특히 잔뜩 예민한 상태로 법원에 왔다가 상황이 잘 정리되면 더 그렇다. 괜히 먼저 손 내밀었다가 거절당할까 봐, 상대가 내 마음 같지 않을까 봐 두려워한다. 그런 마음들이 보일 때 저 사람들도 다 나 같다는 생각에 괜한 참견을 한다.

이번에는 아이에게 말했다.

"□□야, 앞으로 친아빠랑 자주 만나야 한다거나 이런 이야기를 하는 게 아니야. 오랜 시간 너와 만나지 못했지만 아빠는 아빠 나름의 사정이 있었을 거고, 네 성을 바꾸지 않겠다고 하셨다는 것은 너를 아들로 생각하고 있다는 거 아니겠니? 친아빠와 함께 살지 못해서, 새아빠와 살아야 해서 불행한 게 아니야. 너에게는 너를 사랑하는 어른이 한 사람 더 생긴 거야. 그렇게 생각하면 좋겠어.

생각해 봐. 지금 아빠는 지금 아빠대로 너를 본인 아들로 받아들이겠다고 하면서 너와 같은 성을 쓰겠다고 하시고, 너를 사랑하는 엄마는 여전히 네 곁에 계시잖아? 심지어 앞으로는 친아빠까지 너에게 어떻게든 보탬이 되겠다고 하셨어. 그러니까 너를 사랑하는 사람이 둘에서 셋으로, 한 사람이 더 생긴 셈이야. 그렇게 생각하고 잘 지내 봐. 이제부터는 네 몫이야."

아이가 내 마음을, 내 말을 얼마만큼 이해했는지는 알 수 없었다. 다만 법원에 오는 것은 아이에게도 썩 유쾌하지 않은 일일 것이므로 법원에서의 시간이 나쁘지 않은 기억으로 남았으면 싶었다.

부부가 혼인신고를 하면서 자녀의 성을 엄마의 성과 본을 따라 사용하겠다는 의사를 밝히지 않은 이상 자녀의 성과 본은 아버지의 것을 따른다. 그런데 이렇게 정해진 성본이 부모의 사정으로 몇 번씩 바뀌기도 한다. 성본변경 신청 사유를 들여다보면 부모의 이혼 후 아이가 가정폭력이 심한 전 남편을 두려워해서, 재혼을 했는데 아이가 계부를 친부로 알고 있어서 등 사연은 저마다 각양각색이다. 이혼 등의 이유로 더 이상 양육자가 아니게 된 친부(모)는 이제 자기 자식이 아니니 아이의 성본은 마음대로 하라는 경우도 있고, 이혼 후에 아이를 만나거나(면접교섭) 양육비를 준 적이 한 번도 없으면서 본인의 억울함부터 토로하는 사람도 많이 보았다. 성본변경에 동의해 주는 조건으로 앞으로 양육비를 지급하지 않기로 하거나, 오히려 돈을 요구했다는 이야기도 들었다.

그런데 드물게 부모가 이혼한 후 아이의 성이 엄마의 성으로 변경되었다가 엄마가 재혼하며 계부의 성으로 변경해 사용했는데, 엄마가 다시 계부와 이혼하면서 맨 처음 사용하던 친부의 성본 또는 엄마의 성본을 사용하겠다는 사건을 만나기도 한다. 또 성본을 변경하는 경우 이름까지 변경하려는 경우가 대부분인데, 이렇게 성과 이름이 여러 번 바뀔 때 당사자인 아이는 그중 어느 것을 진짜 자기 성과 이름이라고 느낄까? 아이가 자기 정체성에 대해 어떻게 생각할까? 여러 개의 성과 이름을 가지고 있는 것이 아이에게, 아이의 삶에 어떤 영향을 미칠까? 성과 본을 변경하는 과정에서 친부(모)가 자신에 대한 애정이 전혀 없다는 것을 알게 되기도 하는데 이것은 별론으로 하더라도 말이다.

자녀의 성본변경을 신청하는 부모의 상황이나 마음을 이해하지 못하는 것은 아니다. 그러나 성과 본은 개인적 선호의 문제가 아니다. 성본변경은 그로 인해 본인 인격의 동일성 여부가 문제될 수 있고, 본인의 정체성 유지에 중대한 영향을 미칠 수 있다. 그런 점에서 성본변경을 구하는 사건은 비교적 사실관계가 복잡하지 않지만 그 결정은 쉽지 않다. 성본이 개인에게 가지는 의미나 중요성 등을 고려할 때, 단순히 청구인의 의사에만 주목해 허가 여부를 판단할 것이 아니라 이 성본변경으로 인해 당사자에게 발생할 수 있는 불행 또는 불이익도 고려하여 신중하게 판단해야 하기 때문이다(대법원 2016. 1. 26.자 2014으4 결정). 결국 성본변경 문제에서 가장 중요한 점은 성본이 변경되는 당사자, 아이의 의사와 아이 본인의 행복과 이익에 무엇이 도움이 되는가일 것이다.

진실은
조정되지 않는다

"너무 억울해요. 30년 가까이 오로지 희생만 하면서 산 사람에게 어떻게 이럴 수가 있어요."

이혼 사건의 원고였던 아주머니는 나를 보자마자 분통을 터뜨렸다. 남편이 제시한 재산분할 액수가 본인이 생각한 것보다 턱없이 적었기 때문이었다. 그녀는 남편이 이혼 소송을 대비해 재산을 빼돌렸다고 의심했고, 이에 대한 금융 자료를 확인하고 싶어 했다. 아주머니가 이혼 소송을 시작할 무렵, 남편의 은행 계좌에서 상당한 액수가 인출된 것은 맞지만 그 용처에 대한 남편의 설명도 그럴 듯했다. 사실관계만 놓고 볼 때 무엇이 진실인지 알기 어려웠다.

철학자 장자크 루소는 "진실을 규명하는 일이 어려운 것은, '나의 진실, 너의 진실, 그들이 말하는 진실, 그리고 진실 그 자체'라는 여러 얼굴이 있기 때문"이라고 했다.[1] 이 말은 역사적 기억과 진실의 관계만이 아니라 가사 사건에도 적용된다. 남편과 아내 사이에 발생하는 사건 대부분에도 분명 하나의 사실만이 존재할 것인데, 원고의 주장과 피고의 주장은 대개 다르다. 이혼 사건이 어려운 것은 혼인 생활 중 발생한 사실관계를 바라보는 각자의 진실이 있다는 점이다.

우리나라의 이혼 소송은 유책주의 원칙을 따르기 때문에 승소하기 위해서는 상대에게 혼인 파탄의 책임이 있어야만 한다. 결국 소송 과정에서는 '진실이 무엇인가' 하는 것보다는 '상대의 잘못이 얼마나 더 큰가'에 초점을 맞춰 상대의 잘못을 입증하는 데 총력을 기울이게 된다. 이혼 사건 당사자들은 사건의 사실관계에 대해서 각자 상세하게 이야기하지만, 그것은 어디까지나 자기 입장에서 해석한 사실이고, 서로에 대해 누구보다 잘 알고 있는 만큼 각자 유리한 쪽으로 편집되거나 왜곡되기 마련이다.

---

[1] 연세대학교 문정인 교수의 홈페이지에서 읽은 글이다.

이혼 사건의 피고가 처음 내는 서면(답변서)은 소장에 적힌 내용이 사실이 아니라고 강변하는 것으로 시작하기 일쑤다. 그러면 원고 역시 피고가 답변서에 적은 내용이 거짓말이라고 응수한다. 본인의 잘못만 부각되어 있거나 사실이 아닌데 왜곡해 본인의 잘못처럼 적힌 서면을 곱씹어 읽다 보면, 원고나 피고 양쪽의 분노 값은 증폭되게 마련이다. 상대에 대해 가장 잘 아는 두 사람이기에 상대방이 어떤 말을 들을 때 가장 화가 날지, 어떤 말이 상대의 폐부를 찌를지 역시 잘 안다. 결국 양측의 서면 제출이 거듭되면서 감정 싸움은 심화되고 갈등은 에스컬레이터를 타며, 서로 밑바닥까지 보고 나서야 소송이 끝난다. 이혼 소송이 1년 이상 길어지는 이유다.

　　그런데 그토록 긴 싸움을 벌이고도 이혼 청구가 기각되면 두 사람은 다시 부부로 돌아가 살아야 한다. 사실상 어려운 일이다. 소송 기간 중 서로를 할퀴고 깎아내린 끝에 양쪽 모두 극도로 피폐해지기 때문이다. 그래서 나는 가정법원 판사로 재직할 당시 이혼 사건은 가급적 조정으로 마무리하려고 했다. 현재 변호사로서 원고를 대리할 때에도 가능하다면 조정신청을 먼저 염두에 둔다. 조정신청을 한다는 것은 말 그대로 소송이 아니라 조정으로 이 문제를 풀어가자고 요청하는 것이다.

조정신청서에는 이혼을 구하는 신청 취지에 이혼하고자 하는 이유를 간략하게 명시하면 될 뿐, 상대의 잘못을 나열하며 상대를 비난하거나 깎아내리지 않아도 된다. 조정신청서를 받은 상대방이 이혼에 동의하면 본인 출석 없이 강제조정(이혼 신청 후 조정기일이 지정되며, 조정위원과의 면담을 통해 갈등 해결 방안을 모색한다)으로 빠르게 이혼할 수 있다.

물론 조정신청서에도 소장에 하듯이 상대의 책임 사유를 자세히 적을 수 있지만 상대방과 원만한 합의를 이루기 위해서 가능한 한 이혼 신청 이유를 담백하게 적는다. 재판의 목적은 상대를 얼마나 더 고통스럽게 할 수 있는가에 있지 않고 이혼 그 자체에 있기 때문이다. 만약 자녀가 있어서 이혼 후에도 부모로서 서로 계속 인연을 이어 가야 한다면 조정이혼은 가장 좋은 형식이라고 생각한다.

변호사가 된 이후에 만났던 한 여성은 남편의 가정폭력 때문에 이혼하고 싶지만 남편이 너무 무서워서 차마 소송하기가 두렵다고 했다. 소송을 하자면 유책배우자인 남편의 폭력성에 대해 비교적 자세히 이야기해야 하고, 그 내용이 담긴 소장을 남편에게 보내야 한다. 하지만 남편이 그 소장을 받아 보면 자신은 남편에게 맞아 죽을지도 모른다고 했다. 그렇게 말하는 여자의 얼굴에는 불안과 공포, 절망, 체념, 절박함 같은 것이 모두 뒤섞여 있었다. 그때 나는 그녀에게 소장 대신 조정신청서를 쓰자고 했다. 조정이혼 방식에 대해 설명해 주자 그녀의 눈빛이 반짝거렸다. 내 이야기를 모두 듣고 나서는 그런 방법이 있는 줄 몰랐다며 옅게 안도의 숨을 쉬었고, 얼마 뒤에 그녀의 이혼은 조정으로 큰 소동 없이 마무리되었다.

유책주의에 대한 회의

"변호사님, 저도 압니다. 제가 잘못한 걸 부인하는 게 아니에요. 단지 이렇게는 하루도 더 살 수 없어요. 제가 이혼할 수 있을까요?"

여자는 담담히 이야기를 털어놓은 끝에 미간을 찌푸리고 울 것 같은 얼굴을 했다.

여자가 털어놓은 사연은 이러했다. 남편이 외도하고 있다고 느낀 지는 오래됐지만 물증은 없었다. 여자는 그런 상황에 알게 된 한 남성이 있었고, 어느 순간 감정에 휩쓸려 그와 하룻밤을 보냈다. 연애 감정이 아니었고 그 남자와 다시 만나지 않았다. 그러나 여자의 하룻밤은 남편에게 쉽게 들렸다.

    그 이후 남편은 아내를 고양이 앞의 쥐처럼 대했다. 자식에게 아내의 일을 알렸으며 아내를 바람난 여자라고 비난했다. 심지어 주변 지인들에게도 아내의 일을 떠벌리고 다녔다. 아내는 이혼밖에는 답이 없다고 생각했으나 남편은 여전히 아내를 사랑하기 때문에 절대 이혼할 수 없다고 했다. 숨을 쉴 수 없도록 자신을 옥죄는 남편의 언행에 아내는 하루하루가 지옥 같았다.

    나는 혼인 파탄의 원인이 여자의 하룻밤보다 지속적으로 여자에게 가해지는 남편의 정서적 폭력에 있다고 생각했다. 우리가 이혼하겠다며 소를 제기하면 피고인 남편은 혼인관계를 유지하겠다고 주장할 게 뻔했다. 그러나 실제 그 주장이 원고에 대한 오기와 보복 감정에 의한 것인 경우 유책배우자인 원고의 이혼 청구를 인용한다는 법리가 있었다. 거기에 근거하여 이혼 소송을 제기했으나 이 이혼 소송은 1심에서 기각됐다.

    여자는 판결 선고를 확인한 후 낙담한 나머지 극단적인 선택을 했다. 그러나 다행히 여자의 친구가 그녀와 연락이 닿지 않자 119에 신고한 덕분에 여자는 늦지 않게 구조되어 병원으로 이송되었고 목숨을 건졌다. 사랑해서 이혼할 수 없다고 하던 남편은 아내가 입원한 병원에 단 한 번도 나타나지 않았다.

의식을 되찾은 여자는 아무것도 남지 않은 파리한 얼굴로 나를 다시 찾아왔다. 그녀는 친구가 변호사 비용을 빌려줄 테니 항소하라는데 해도 되겠냐고 주저하며 내게 물었다. 나 역시 그 친구와 생각이 같았다.

> "○○ 씨, 항소합시다. 항소하고 이혼하고 살 생각을 해야지 왜 죽을 생각을 해요. 아직 살 시간이 많이 남 았잖아요. 끝난 게 아니에요."

우리는 실낱같은 희망을 가지고 항소심을 시작했다. 생기가 돌지 않던 여자의 눈빛은 재판이 진행되는 동안 안정을 찾아갔다.

항소심 재판부는 유책배우자에게 예외적으로 이혼이 인정되는 법리를 받아들여 마침내 이혼은 인용되었다. 남편은 주변 지인들과 가족, 친지에게 여자가 바람을 폈다는 이야기를 전하면서 여자를 모욕했고, 견디다 못해 극단적인 선택을 한 아내를 비아냥거리기까지 했었다. 그 같은 남편의 언행은 혼인을 유지하겠다는 그의 주장이 진심이 아니라 아내에 대한 오기와 보복 감정에 의한 것이라고 인정된 것이다. 비록 재산분할로 인정된 금액이 만족스럽지는 않았으나 여자는 이혼할 수 있게 됐다는 것만으로도 살 것 같다고 했다.

우리나라 이혼 소송은 유책주의 원칙을 따르다 보니 "이런 것도 이혼 사유가 되나요?"라는 질문을 많이 받는다. 사유가 외도나 폭행과 같이 명확한 것이 아닐 때 특히 그렇다. 실제로 이혼 소송을 진행해 보면, 원고가 주장한 이유가 정말 이혼할 만한 것인지 아닌지 서로의 주장에 사실관계를 밝히는 데 돈과 시간, 정신적, 육체적 에너지를 쓰며 지난한 싸움을 이어 간다. 서로를 비난하고 헐뜯고 증거에 사실관계를 끼워 맞추며 어떻게든 상대를 악하고 나쁜 사람으로 만들기 위해 애쓴다.

물론 자신이 유책배우자가 아니고 혼인관계를 유지하고자 하는 입장에서 상대방의 일방적인 심경의 변화로 이혼 소송을 당했다면 억울한 일이고, 유책주의를 옹호할 수도 있다. 혼인 파탄의 책임이 자신에게 없으므로 이혼을 받아들이지 않을 명백한 이유가 있고 이를 주장할 수 있기 때문이다. 그러나 반대로 이혼을 원하는 쪽의 입장을 생각해 보면, 더 이상 혼인관계를 유지할 의사가 없음에도 불구하고 이혼할 수 없다면 이 또한 억울한 일일 것이다. 뿐만 아니라 그렇게 혼인관계를 이어 간다고 해도 두 사람이 다시 원만하게 잘 살 가능성은 얼마나 될까? 결혼 생활을 지속할 의사가 없는 사람과 사는 일은 그것 자체로 고통이지 않을까?

드라마 〈굿파트너〉의 주인공 한유리와 그 모친의 이야기를 떠올려 본다. 한유리의 모친은 오래전에 남편이 바람을 피워 이혼했는데, 당시 이혼 소송을 청구한 사람은 유책배우자인 남편이었다. 외도한 남편에게 이혼 소송을 당한 그녀로서는 기가 차고 억울했을 것이다. 그녀는 가정을 지키고자 이혼하지 않겠다고 버텼지만 남편은 마음을 돌리지 않았고, 두 사람은 결국 이혼한다. 한참의 시간이 흘러 한유리의 모친은 우연히 이혼 소송 당시 남편 측 변호사였던 차은경을 만나는데, 이때 차은경에게 고맙다는 인사를 전한다. 그때 그렇게 이혼하지 않고 남편과 다시 부부로 살았으면 더 많이 괴로웠을 거라고.

이혼 소송이 발생하면 대개의 경우 유책주의 쪽에 무게를 두게 되지만 혼인관계란 유불리를 따지는 것이 아니라 혼인관계에 있는 당사자 두 사람이 마음을 모아 살아야 하는 것이다. 상대방이 잘못했으니 그는 죄인이 되어 평생 내 뜻에 따라 살아야 한다고 주장한다면 그것은 또 다른 의미의 폭력이 아닐까? 혼인관계 파탄의 책임이 없는 배우자가 유책주의를 주장하는 것을 이해할 수 있고 유책주의가 필요한 경우도 있겠지만, 그런 점에서 나는 유책주의만이 정답이라고 생각하지 않는다.

오랜 시간 이혼 소송으로 몸과 마음이 무너지는 원고와 피고를 지켜보며 차라리 부부 중 한 사람이라도 혼인 생활을 유지하기 어렵다고 판단했다면 이혼 소송 전 법적으로 별거 기간을 가지게 하면 어떨까 생각해 본 적이 있다. 1년이든 2년이든 서로 떨어져 지내며 각자 혼인 생활을 돌아보고 이혼과 이혼 후의 삶에 대해서도 심사숙고해 보는 것이다. 서로 떨어져 지내다 보면 휘몰아치던 감정이 가라앉고 갈등도 완화될 수 있다. 그렇게 지낸 후에도 한 사람이 이혼에 대한 의지가 여전하다면 상대방에게 혼인 파탄의 잘못이 없어도 이혼이 될 수 있도록 하는 것은 어떨까? 잘못이 없는 배우자 입장에서는 이혼청구가 고통스럽다. 이혼에 반대하여 소송이 시작되면 책임이 큰 배우자는 이혼하자고 해서 미안하다고 용서를 구하는 것이 아니라 이혼하기 위해서 상대방의 작은 실수나 잘못을 침소봉대하고 왜곡하기 마련이다. 책임 없는 배우자를 더욱 고통스럽게 한다. 파탄주의 시스템(상대방에게 혼인을 깨는 책임 있는 사유가 없어도, 본인이 유책배우자라고 하더라도 앞서 언급한 일정 기간 별거 등을 통해 이혼할 수 있는 이혼 방식)으로 이혼할 수 있다면 책임 없는 배우자도 덜 고통스러울 수 있다.

가정법원 판사로, 가사상속 전문 변호사로 오랜 시간 수없이 많은 이혼 소송을 마주해 왔지만 혼인 파탄의 책임을 묻기 위해 서로를 밑바닥까지 끌어내리다 양쪽 모두 만신창이가 되어야만 끝나는 지금의 이혼 소송 시스템에 대해서는 좀처럼 회의감을 지우기가 어렵다.

이혼 부부의
공동양육은 가능할까?

이혼 소송 중인 부부에게는 유치원에 다니는 딸아이가 하나 있었다. 두 사람은 이혼하기로 합의했지만 둘 다 아이를 무척 사랑해서 서로 아이를 키우려고 했다. 재산분할에 대해서는 서로 원만히 합의했으나 누가 아이를 양육할 것인가에 대해서는 양쪽 모두 양보하지 않았다. 두 사람은 어느 한 쪽으로 결정될 바에는 공동으로 양육하겠다고 나섰다. 이를테면 번갈아 가며 한 달씩 아이를 데리고 살겠다는 거였다. 물론 우리나라에서도 공동양육을 할 수 있다. 협의이혼이나 조정으로도 가능하다. 재판상이혼의 경우에는 두 사람이 합의하고 여러 조건이 충족되면 불가능하지는 않지만 협의이혼이나 조정에 비해 까다롭다.

별거 중이던 두 사람은 이미 한 달씩 아이를 번갈아 키우고 있었다. 일종의 공동양육이었다. 그러나 이혼 소송 중이었으므로 부부의 사이가 좋을 리 없고, 아이는 그런 환경에 스트레스를 받고 있는 것 같았다. 사이 좋지 않은 엄마 아빠의 집을 번갈아 가며 사는 것이 어린 아이에게 쉬운 일은 아니었을 것이다. 그럼에도 불구하고 남편과 아내 모두 양육권을 포기하지 않았다. 아이가 그런 생활을 감당할 수 있을지는 그들에게 다른 문제였다. 당시 이 사건의 담당 판사였던 나는 두 사람이 아닌 아이를 직접 만나 보고 싶었다.

가정법원에는 면접교섭을 위한 공간으로 사용되는, 아이들을 위한 공간이 별도로 마련되어 있다. 사고를 겪거나 문제 상황에 놓인 아이들이 덜 불안해할 수 있도록 장난감과 놀이기구 등이 구비되어 있으며 바깥쪽에서 가족이나 관계자들이 안의 상황을 지켜볼 수 있다. 나는 그곳에서 아이와 이야기를 나누는 동안 아이 부모가 바깥쪽에서 나와 아이를 볼 수 있도록 했다.

보통 이런 경우에 아이에게 엄마와 아빠 둘 중 누구와 살고 싶은지 묻지 않는다. 갈등 상황에 놓인 아이가 처음 만난 사람에게 솔직한 속내를 드러내는 일은 거의 없다.

아이들 대부분은 부모 중 함께 살고 싶은 사람이 있어도 둘 다 좋다고 하거나 아예 입을 닫는다. 그렇기 때문에 이럴 때에는 아이들이 고민하지 않고 답할 수 있는 질문으로 대화를 시작한다. 예를 들어 요즘 유치원이나 학교에서는 뭘 배우는지, 친구들과는 무엇을 하며 노는지, 좋아하는 책이나 만화, 캐릭터가 있는지 같은 것을 묻는다.

그때에도 아이는 낯선 공간에서 불안한 얼굴을 하고 있었다. 나는 그 옆에 앉아서 사소한 것에 대해 이야기를 시작했다. 법원까지 걸어 왔는지 차를 타고 왔는지, 그 길에 본 것들은 무엇이었는지 물었다. 가장 좋아하는 장난감, 자주 읽는 동화책, 좋아하는 애니메이션 같은 것들에 대해서도. 아이는 내 이야기에 조금씩 반응했고 내 질문에 작은 목소리로 답했다. 점차 나에 대한 경계를 누그러뜨리는 것 같았다.

질문의 방향을 조금씩 좁혀 나갔다. 보통 주말에 엄마나 아빠와 뭘 하는지, 엄마 집과 아빠 집에서 유치원은 어떻게 가는지 같은 것을 물었다. 아이가 현재 상황에서 느끼고 생각하는 것들을 편하게 말할 수 있도록 했다.

"엄마 집, 아빠 집 왔다 갔다 하는 건 어때?"

"처음에는 놀러가는 것 같았는데 힘들 때도 있어요."
"그렇구나. ○○는 뭐가 제일 힘들어?"
"아빠 집에 할머니가 있으면 엄마한테 전화 못 하는 거요. 할머니가 싫어해요."
"그랬겠네. 그거 말고 힘든 점이 또 있을까?"
"유치원에서 애들이 머리에 빵꾸 났다고 놀려요. 여기 뒤에 빵꾸 났대요."
"그래? 선생님이 좀 봐도 될까?"

아이에게 허락을 구하고 아이의 머리카락을 살짝 들춰 보니 새끼손가락 반 마디 정도 두피가 드러나 있었다. 원형 탈모였다. 어디에서도 분출하지 못한 마음의 상처에 아이의 몸이 반응하고 있었다. 그 순간 내 마음이 무너져 내렸다. 엄마 아빠도 알고 있느냐고 물으니 아이가 끄덕였다. 부모는 이 사실을 알고 있지만 서로 아이를 키우고 싶어서 아이가 겪는 고통을 모르는 척한 것이다.

나는 아이를 가만히 안아 주었다. 울지 않으려고 했는데 눈물이 솟았다. 어른들의 이기심에 아이가 작은 몸으로 불안과 고통을 고스란히 감내하고 있었다. 아이와 좀 더 이야기를 나눠 보니 아이가 엄마와 사는 것을 조금 더 편하게 여긴다는 것을 알았다. 그런데 어느 순간 아이가 짧은 한마디를 덧붙였다.

"아빠도 좋아요…."

은연 중에 제 속내를 드러낸 것을 알아차리고 아빠에게 미안한 모양이었다. 아이가 이런 순간을 얼마나 많이 겪었는지 알 것 같았다. 어쩔 수 없는 일이겠지만 다시 또 한번 아이에게 미안해졌다.

"물론이지. 아빠가 너를 얼마나 사랑하는지 나도 잘 알고 있어. 엄마 아빠 모두 우리 ○○를 아주 많이 사랑하고 있지."

창밖에서 아이와 내가 하는 이야기는 들리지 않겠지만 아이 부모가 우리의 모습을 모두 지켜보고 있었다.
아이와 이야기를 마치고 두 사람을 다시 만났을 때, 아이를 사랑하는 만큼 아이의 고단함도 잘 알 테니 부디 잘 생각해달라고 부탁했다. 이 사건은 결국 엄마가 단독양육자가 되는 것으로 결론이 났다.

물론 이 부부가 원했던 공동양육은 훌륭한 제도이다. 아이들은 기본적으로 엄마 아빠 모두와 함께 살기를 원한다. 부모가 이혼했더라도 말이다. 만약 이 사례에서 아이가 엄마 아빠의 공동양육 환경을 무리없이 받아들이고 있었다면 공동양육의 형태로 합의가 이루어졌을 수 있다. 이 사례에서는 결국 단독양육의 형태로 결론이 났지만 공동양육은 지속적으로 관심을 가져야 할 부분이고, 종국적으로는 필요하다고 생각한다.

그렇다면 다른 나라는 어떨까? 미국은 종래 우리나라처럼 이혼 시 엄마를 양육자로 지정하는 경우가 많았다. 그러나 비양육자인 아버지와 자녀의 관계가 소홀해지면서 사회적인 문제가 발생하고, 아동 발달과 이혼에 관한 많은 연구에서 이혼 후 부모 한쪽이 양육하는 경우에 자녀의 심리적, 감정적 욕구가 온전히 충족되기 어렵다는 자료가 제시되었다. 그 이후 1970년대 중반부터 공동양육이 논의되었고 상당한 논쟁 끝에 현재는 미국 내 대부분 주에서 공동양육을 우선하는 규정을 도입했다.

실증 연구에 따르면 공동양육자인 엄마가 단독양육자인 엄마보다 스트레스를 덜 받고 부담도 적으며 전혼의 배우자들이 협조적이다. 전 배우자를 상대로 한 양육비 관련 소송 비율도 단독으로 양육하는 엄마가 공동양육하는 엄마보다 2배 높다는 결과가 있다. 독일은 헌법재판소가 1982년에 단독양육을 위헌으로 결정했고 2010년에는 이혼한 부부의 80% 이상이 공동양육을 유지한다.

    우리나라 대법원은 2020년에 부모가 아이의 공동양육자로 지정될 수 있는 기준을 밝혔다. 협의이혼 시에는 물론 재판이혼 시에도 공동양육자로 지정될 수 있지만 그것은 부모가 공동양육을 받아들일 준비가 되어 있고, 양육에 대한 부모 두 사람의 가치관이 현저히 차이가 나지 않아야 한다. 또한 아이와 부모가 서로 가까이 살고 있고 양육 환경이 비슷하여 자녀에게 경제적, 시간적 손실이 적어야 한다. 아이가 양쪽 환경에 적응하는 데 문제가 없는지, 공동양육의 상황을 받아들일 이성적 정서적 대응 능력을 갖췄는지 등 종합적으로 고려하여 판단한다.

    그러나 냉철히 말하면, 공동양육이 아무리 이상적이고 좋은 제도라고 해도 우리나라의 이혼 제도는 유책주의를 전제로 하고 있기 때문에, 협의이혼 시는 별론으로 하더라도, 재판이혼의 경우 소송 과정에서 부부 사이의 갈등이 점점 증폭되는 시스템이라 공동양육을 실현하기란 현실적으로 어렵다. 오랜 시간 서로의 잘잘못을 따지면서 싸우던 부모가 이혼 후 서로 협력해 자녀를 키울 확률이 얼마나 되겠는가. 결국 공동양육이 무리 없이 이루어지려면 또다시 유책주의를 원칙으로 하는 현재의 이혼 제도부터 재고해 봐야 한다는 결론에 닿는다. 그런 점에서 이혼 법정이 서로 이기려고 애쓰는 전투지가 아니라, 부모의 이혼으로 가장 상처받을 아이를 위해서 이혼 후에 부모가 무엇을 어떻게 해야 할지 진지하게 고민할 수 있는 장소가 될 수 있기를 희망해 본다.

독신자도
친양자입양을 할 수 있다면

    가정법원 판사 시절 진행됐던 친양자입양과 관련한 두 개의 소송을 기억한다. 하나는 한국계 중국인인 30대 후반의 여성이 졸지에 딸을 잃게 생겼다면서 제기한 소송이었다. 그녀와 비슷한 처지의 친구가 한 남자를 만나 아이를 가졌으나 남자는 떠나버렸고 친구는 혼자 아이를 낳았다. 가진 것 없는 외국인 여성이 한국에서 혼자 애를 키우기는 어려웠다. 그 친구는 아이를 포기하고 고향으로 돌아가겠다고 했고, 남편과의 사이에 자식이 없었던 이 여성이 그 애를 데려다 자기 딸로 삼아 키웠다. 나는 여자에게 아이를 정식으로 입양한 것이냐고 물었다. 여자는 잠시 머뭇거리다 입을 열었다.

"아뇨. 입양 절차를 밟은 것은 아니고 간편하게 출생신고만 하면 된다고 해서 그 동생이 제 남편을 아이 아빠로 출생신고를 했어요."

"그러니까 아이를 남편의 혼외자로 하고 키우셨다는 거군요?"

"네. 어차피 동생은 고향으로 돌아갈 예정이었고 남편과 바람난 것도 아니고 아이만 저희 부부가 키울 수 있으면 되니까 어떻게 하든 문제없다고 생각했어요. 그리고 실제로 잘 살았고요. 아이는 잘 커서 지금 초등학교에 다녀요. 그런데 애 아빠가 진짜 바람이 난 거예요. 바람난 여자랑 애가 생겨서 낳았고요. 그러더니 이제 이혼해달라고 하대요."

"그럼 따님은…"

"안 키우겠대요. 어차피 친딸도 아니라는 거죠. 아니, 여태 제 자식으로 키워 놓고 어떻게 그래요? 저는 아니에요. 누가 뭐래도 제 딸이에요. 제가 키우고 싶어요. 그런데 서류상으로 제가 친엄마가 아니잖아요. 친권자, 양육자는 남편밖에 안 된대요. 아이의 가족관계등록부에 제가 없으니…. 이럴 줄 알았으면 남편과 혼인관계에 있을 때 제가 입양을 했어야 하는데, 그런

줄도 모르고 덜컥 이혼을 하고 보니 저와 제 딸은 아무 관계가 아니더라고요. 서류상 남이에요. 제발 남편과 아무 상관없이 제가 키울 수 있게 해 주세요."

입양이란 서로 혈연관계가 없는 사람들 사이에 법을 통해 인위적으로 법률상 친자관계를 만드는 제도다. 아이를 입양하는 방법은 '일반입양'과 '친양자입양', 두 가지로 나눌 수 있다. 일반입양은 친부모가 있고 친부모의 동의 하에 양부모가 생기는 것으로, 두 개의 부모 자식 관계가 병존한다. 반면 친양자입양은 친부모와의 관계가 소멸하고 양부모만 법적 부모가 되어 부모 자식 관계가 단 하나만 남는다. 즉, 일반입양을 하게 되면 여전히 친부모·자녀 관계가 남아 있으므로 친부모와 자녀 사이에 상속과 부양의 의무가 존재한다. 그러나 친양자입양을 하게 되면 친부모·자녀 사이에 상속과 부양의 의무는 소멸한다.

친양자입양이 되면 아이는 더 이상 친부모의 상속인이 아니고 그 부모도 아이를 부양할 의무가 없으므로, 이 사례에서 그녀가 아이를 친양자로 입양하면 아이의 법률상 아버지인 이혼한 남편은 아이의 양육비를 지급할 의무가 없다. 또한 친양자입양은 혼인관계가 3년 이상 지속된 부부여야만 가능하고, 입양하려는 아이가 배우자의 친자식인 경우에는 혼인관계가 1년 이상 지속된 부부도 가능하다. 다만 미혼이거나 이혼하여 혼자인 사람은 친양자입양을 할 수 없다.

이 사례에서 그녀는 남편과 자신, 누구와도 피가 섞이지 않은 아이를 남편의 동의하에 남편의 혼외자로 출생신고를 하고 친자식처럼 키웠으나 남편과 이혼하며 법적으로 아이의 친권, 양육권 모두 주장할 수 없게 된 상황이었다. 더 이상 아이 아버지임을 거부하는 전 남편과 아이의 친자관계를 해소하고 아이를 온전히 자신의 딸로 키우기 위해 친양자입양을 희망했지만 이혼 직후의 그녀는 미혼 상태의 독신자여서 친양자입양은 할 수 없었다.

다른 또 하나의 소송은 한 중년의 여성이 제기한 것으로, 그녀는 이웃에 살던 가족과 오랜 시간 교류해 왔고 그 집 아이가 그녀를 고모라고 부를 정도로 몹시 돈독한 사이였다. 그런데 아이의 부친이 갑작스러운 사고로 세상을 떠난 뒤 아이 엄마가 재혼하게 되면서 문제가 생겼다. 재혼 상대와 아이 모두 엄마가 자녀와 모자관계를 해소하고 홀가분하게 재혼하길 원했고, 이 모든 상황을 지켜본 여자는 친양자입양으로 그 아이를 입양하고자 했다. 그녀는 일찌감치 자기 분야에서 꽤 성공해 경제적으로 여유가 있었고, 아이의 친부가 살아 있을 때나 세상을 떠난 뒤에도 많은 부분에서 아이의 보호자 역할을 맡아 온 터라 그녀와 아이 사이의 유대는 여느 부모 자식만큼 좋았다. 문제가 하나 있다면 그녀가 비혼이라는 점이었다.

아이 엄마와 아이 본인 그리고 그녀 모두 친양자입양을 원했는데, 그녀는 비혼이어서 아이를 입양하려면 일반입양밖에는 방법이 없었다. 결국 그녀는 가정법원에 친양자입양의 허가를 구하고, 부부가 아니라 혼자 살고 있는 사람의 친양자입양을 막는 민법조항에 대해 위헌법률심판 제청 신청까지 불사했다. 그러나 이에 대한 헌재의 답은 다음과 같았다.

> "위 민법 규정은 친양자가 안정된 양육 환경을 제공할 수 있는 가정에 입양되도록 하여 양자의 복리를 증진시키기 위해, 친양자의 양친을 기혼자로 한정하였다. 독신자 가정은 기혼자 가정과 달리 기본적으로 양부 또는 양모 혼자서 양육을 담당해야 하며, 독신자를 친양자의 양친으로 하면 처음부터 편친가정(한부모 가정)을 이루게 하고 사실상 혼인 외의 자를 만드

는 결과가 발생하므로, 독신자 가정은 기혼자 가정에 비하여 양자의 양육에 있어 불리할 가능성이 높다. 아울러 성년의 독신자는 비록 친양자입양을 할 수는 없지만 일반입양에 의하여 가족을 형성할 수 있다. 비록 일반입양의 경우 양자의 입양 전 친족관계가 유지되지만, 일반입양을 통해서도 양자가 가족구성원으로서 동질감과 소속감을 느낄 수 있는 가정환경의 외관을 조성하는 것이 가능하다."[2]

간단히 말하면 결혼한 부부가 아이 양육에 이로우니 비혼자인 독신자의 친양자입양은 불가하다는 이야기였다.

그러나 생각해 보면 결혼한 부부라고 해도 아이를 양육하는 데 적합하지 않은 사람일 수도 있고, 바람직하지 않은 환경일 수도 있다. 반면 비혼인 독신자여도 아이에게 충분한 양육 환경을 제공할 수 있다. 심지어 아이를 친양자

---

[2] 헌재 결정은 비록 9명의 재판관 중 5명의 재판관이 위헌이라고 의견을 냈지만 위헌으로 선언하는 데 필요한 6명에서 1명이 부족하여 위헌으로 선언되지 못했다. 위 헌재 결정 이후 독신자도 친양자입양을 할 수 있는 내용의 민법 개정 논의가 있었고, 2022년 법무부가 독신자의 친양자입양을 허용하는 민법 일부 개정법률안을 국회에 제출하였으나 회기 만료로 폐기되었다.

로 입양할 당시에는 원만한 혼인관계였다고 하더라도 입양 후 이혼 등으로 인해 부부관계가 달라질 수도 있다. 즉 입양 당시에 부모가 될 남녀가 기혼 상태라는 점이 양자가 될 아이에게 지속적으로 좋은 양육 환경을 담보해 준다고 보기는 어렵다. 그러나 앞선 두 사례 속 여성들은 끝내 아이를 친양자로 입양하지 못했다.

현대적인 양자 제도에 관해 가장 대표적인 협약으로 인정되고 있는 '아동의 입양에 관한 유럽협약 European Convention on the Adoption of Children'은 독신자의 입양을 인정하고 있다. 입양 당사자인 아동의 복리를 증진시키기 위하여 유럽국가들 사이에 체결된 이 협약은, 제6조 제1항에서 법률상 혼인하고 있는 부부에 한하여 두 명이 동시에 또는 순차적으로 입양을 할 수 있으며, 또는 개인이 '단독으로 by one person' 입양할 수 있다고 규정한다.[3] 유럽협약을 비롯해 독일, 스위스, 영국, 스웨덴 등 대다수 국가들은 미성년 입양에 대해 친양자입양만을 허용하면서도 독신자도 입양할 수 있다고 규정한다. 프랑스와 일본만이 우리나라와 같이

---

[3] Art. 6-1: The law shall not permit a child to be adopted except by either two persons married to each other, whether they adopt simultaneously or successively, or by one person.

계약에 의한 일반입양과 친양자입양을 모두 허용하는데, 프랑스는 친양자입양에 있어 독신자의 입양을 허용한다.

우리나라의 입양 제도는 종래 '가문'을 위한 것에서 '부모'를 위한 것으로, 나아가 오늘날에는 '아이'를 위한 방향으로 발전해 왔다. 친양자 제도 역시 기존 입양 제도만으로는 양부모와 양자 사이에 완전한 유대를 도모하기에는 미흡하다고 보아 도입한 것이다. 그렇다면 양부모가 되기를 희망하는 성인과 그의 자녀가 될 아이 사이에 이미 애착 관계가 형성되어 있고, 부모 될 사람이 아이를 양육하는 데 몸과 마음이 충분히 건강하고 경제적으로 여유가 있는 등, 입양을 허가하는 데 고려해야 하는 요소를 두루 갖추고 있다면 비혼인 독신자도 입양을 할 수 있어야 하지 않을까?

만일 비혼인 독신자도 친양자입양을 할 수 있게 되어 독신자가 가정법원에 친양자입양을 청구한다고 하더라도 가정법원은 그 사람이 법이 정한 요건을 모두 갖추고 있는지, 아이를 친양자로 입양하고자 하는 동기가 무엇인지, 아이에게 마땅한 양육 조건을 갖추고 있는지 등 여러 상황을 고려하여 판단할 것이다. 만약 청구인이 아이를 친양자로 맞기에 자격 요건이 미흡하다고 판단한 경우에는 친양자입양 청구를 기각하지 않겠는가? 그러므로 혼인하지 않은 사람은 아이를 온전히 양육하지 못할 거라고 미리 염려하는 것은 지나친 걱정이 아닐까? 비혼 독신자가 친양자입양에 대해 청구하는 것을 원천적으로 막는 것 역시 과도한 결정일 수 있다. 무엇보다 입양 제도의 목적이 본질적으로 아이의 복리 증진에 있다는 점을 중요하게 생각한다면 비혼 독신자가 친양자입양에 대해 청구하는 것을 원천적으로 막는 것은 과도하다고 생각한다.

부부가
해로한다는 것

할아버지는 오래전부터 공공연하게 두 집 살림을 해왔다. 법률상 배우자인 아내와는 딸을 낳았고 사실혼관계인 여성과는 아들을 낳았다. 남편의 외도를 오랜 시간 묵인하고 살아온 할머니는 일흔이 가까워 오자 이혼을 청구하는 소장을 제출했는데, 그 이유는 남편의 외도 때문이 아니라 늦기 전에 할아버지 명의의 재산을 확보하기 위해서였다.

할머니의 불안은 자식이 딸이라는 데서 기인했다. 남편과 사실혼관계인 여성 사이에는 아들이 있으므로 할머니는 남편이 전 재산을 그쪽에 줄 수도 있다고 생각했다. 그렇게 될 바에 차라리 지금 이혼하면 재산을 분할 받아서 일정 재산을 확보해 딸 몫으로 물려줄 수 있고 훗날 남편이 사망하면 딸은 상속분도 받을 수 있을 것이라는 데까지 생각이 닿았던 것이다.

할아버지 명의로 된 부동산은 덩치가 꽤 컸다. 오래전 헐값에 산 땅이 세월이 지나며 값이 많이 올랐고, 그 일대가 번화가가 되면서 노른자위 땅이 되었다. 게다가 누구나 알 만한 회사에서 30년 임대 조건으로 그 땅을 임대해 건물을 지었으니 그 임대료만 해도 상당했다. 할머니가 불안해할 만했다. 그러나 오랜 시간 평화롭게(?) 혼인관계를 유지해 오던 할아버지가 할머니의 그런 심정을 알 리 없었다. 할아버지가 이혼 소장을 받고 내뱉은 첫마디는 "이혼하지 않겠다"였다.

할아버지는 조정실에서 할머니를 만났을 때에야 할머니가 이혼 소장을 제출한 진짜 이유를 눈치챘고, 그 사실에 아연실색했다.

"아니, 그러니까 지금 내가 전 재산을 아들에게 다 줄 것 같아서란 말씀입니까? 나 그런 사람 아닙니다! 누가 뭐라고 해도 저 사람이 내 집사람이고 딸도 내 자식인데 아들이라고 저쪽에 다 넘기겠습니까? 나 죽을 때 반반씩 나눠줄 겁니다!"

할아버지의 항변은 오래 이어졌다. 그러나 할머니가 마음을 돌리지 않을 것은 뻔했다. 오랜 세월 참아 온 할아버지에 대한 원망도 컸을 테지만 무엇보다 할머니의 불안이 너무 컸다. 벌개진 얼굴로 말을 잇지 못하는 할아버지에게 나는 차분히 할머니의 심정을 전했다.

"무슨 말씀이신지는 압니다. 하지만 그게 할아버님 진심이라고 해도 할머님의 불안은 사라지지 않을 거예요. 사실 이혼하신다고 해서 달라지는 것은 아무것도 없어요. 지금도 별거하고 계시면서 부모님 기일과 명절 아침에만 아드님과 같이 오시잖아요. 할머님은 할아버님이 부탁하시면 이혼하더라도 지금처럼 똑같이 제사와 차례 준비도 하시겠다고 하고, 재산은 나중에 상속으로 나눠주실 것을 지금 나눠주신다고 볼 수도 있고요. 어쩌면 지금 이혼으로 재산분할하시는 게 나중에 돌아가실 때 상속하시는 것보다 나을 거예요. 현재 재산 규모로 볼 때 상속세 걱정도 하셔야 하고요."

할머니에게 그동안 미안했다며 혼인관계를 유지하자고 하던 할아버지는 묵묵히 생각에 잠겼다. 두 집 살림을 정리하지 못한다면 언젠가는 해야 할 일이라고 받아들이는 것 같았다. 재산분할로 부동산을 배우자에게 양도하는 경우 양도소득세를 납부하지 않아도 된다는 점도 한몫했다. 결국 할아버지와 할머니는 원만하게 조정으로 이혼했다.

황혼 이혼의 대부분은 오랜 시간 참고 살아온 할머니가 더는 못 참겠다고 해서 일어난다. 그러나 한국가정법률상담소의 자료에 따르면 최근에는 과거와 달리 할아버지도 가정법률상담소를 많이 찾는다고 한다. 사유를 들어보니, 가장으로서 돈 번다고 가정을 등한시했던 남성들이 은퇴 후에는 주로 집에서 시간을 보내게 되는데, 남편이 집 밖에서 시간을 보내는 동안 아내 역시 점차 외부 활동을 늘리면서 밖에서 바쁘게 움직이고, 뒤늦게 집 안에서의 시간이 늘어난 남편이 삼시 세끼 챙겨달라고 하면 버거워한다는 것이다. 또한 아이들은 독립했고, 부부가 따로 보낸 시간만큼 공유한 것도 적어서 집 안에서 부부가 나눌 대화거리도 별로 없다. 그러다 어느 순간 말 한마디 하지 않고 각자 식사와 빨래를 챙기며 자연스레 공간을 분리하는 지경에 이른다. 이쯤에 이르면 노인이 된 남편은 가정을 위해 열심히 살았다고 생각했는데 본인을 귀찮아 하는 아내에게 서운하고 투명인간처럼 무시당하며 살 바엔 차라리 이혼하는 것이 낫겠다는 결론에 이르고, 그 결과 가정법률상담소를 찾는다는 이야기였다.

결국 황혼 이혼 사유도 알고 보면 제 각각이지만 그 사유가 무엇이든 간에 노년에 이혼하겠다고 하는 사람들을 만나 보면 그 긴 시간 참고 살아온 탓이 크다. 40, 50년 가까이 혼인관계를 맺고 사는 동안 부부 사이의 문제를 밖으로 꺼내 놓지 못하는 이유는 무엇일까? 짐작해 보자면 부부 둘 다 상대방이 자신의 입장만 강요해서 대화가 되지 않는다고 여겼을 것이고, 그런 마음으로 대화를 포기한 후 자식이 클 때까지만, 결혼할 때까지만 하며 버텼을 것이다. 그렇게 시간이 흐르는 동안 한 사람의 마음은 돌덩이처럼 굳어져서 황혼에 상대에게 이혼 소장을 보내는 지경에 이르고, 이쯤되면 다시 생각해 볼 여지가 남아 있지 않다.

반면 이혼 소장을 받은 쪽은 그 긴 시간 별 문제없다고 생각하고 살아왔거나 혹은 어떤 갈등이든 대수롭지 않게 여기며 살았을 것이다. 그러니 노년에 받는 이혼 소장과 그 내용은 몹시 당황스럽다. 그 시점에는 앞으로 달라지겠다는 의지도 상대에게 전혀 통하지 않는다. 앞의 사례 속

할머니와 할아버지의 경우 재산분할이 쟁점이었으나 근본적으로는 여기에서 크게 벗어나지 않는다고 생각한다.

혼인 서약을 할 때 '이제부터 한 몸으로'라는 말을 쓰곤 한다. 결혼과 함께 한 몸이 되었으니 굳이 말하지 않아도 상대가 내 마음을 알아채고 내 뜻을 존중해 줘야 한다고 생각하기 쉽고, 그렇게 해 주기를 바란다. 그러나 삶을 공유하기로 했다고 해서 평생 남으로 살아온 두 사람이 갑자기 한 사람이 되지 않는다. 심지어 그것은 부부로 오래 살아도 어려운 일이다. 만약 결혼한 남녀 둘 중 한 사람이 내 배우자는 나를 잘 이해해 주고 나를 잘 알아 준다고 느낀다면 상대방이 그만큼 자기 자신을 희생하며 애쓰고 있을 확률이 높다.

요즘은 많은 사람이 관계의 거리가 0인 결혼 생활을 지향하지 않는다. 결혼한 후에도 정신적 육체적 경제적으로 어느 정도 독립되기를 원한다. 사랑하기 때문에 결혼했고 결혼했으니 노력하는 것일 뿐, 근본적으로는 서로 완벽한 타인이라는 걸 잘 알고 있기 때문일 것이다. 과거에는 한 몸으로 산다는 말이 부부 사이에는 거리를 두지 말아야 한다는 것을 의미했겠지만 이제는 그 말뜻을 다시 생각해 봐야 하지 않을까?

사랑해서,
사랑하기 때문에

　가정법원 판사 시절, 극심한 가정폭력 사건을 맡았던 한 선배 부장판사가 들려준 사연이 하나 있다. 사건의 가해자인 남편은 피해자인 아내에게 정서적, 물리적 폭력을 수년 간 행사해 왔다고 했다. 아내는 자신을 때린 후에 미안하다고 사랑한다고 하며 극진히 챙기는 남편에게서 등 돌리지 못했고, 그렇게 산 시간이 긴 만큼 도망치고 싶으면서도 남편에게 의존적이었다. 남편과 헤어진다고 생각하면 안도와 불안을 동시에 느낀다고 했다.

　그랬던 피해자가 이혼 소송을 결심한 것은 자녀들 때문이었다. 중학교 3학년인 아들이 걸핏하면 여동생에게 물리적, 언어적 폭력을 일삼았던 것이다. 이 일을 문제 삼으면 아들은 동생을 걱정해서 그러는 거라며 대수롭지 않아 했고, 말리는 엄마에게 대들기까지 했다. 여자는 아들에게서 남편이, 딸에게서 자신이 겹쳐 보였다.

나는 그때 그 이야기를 들으며 물리적 폭력뿐만이 아니라 정서적 폭력에 대해 생각했다. 그 사건의 가해자인 남편이 행한 것은 일종의 가스라이팅이었다. 내가 하는 모든 행위는 그것이 폭력이라고 해도 너를 사랑하기 때문이고, 너는 이것을 비난해서는 안 된다는. 그렇게 때리면서 어떻게 사랑한다는 말을 할 수 있는 걸까? 그렇게 맞으면서 사랑한다는 말을 어떻게 믿을 수 있는 걸까. 함께 그 이야기를 듣던 다른 부장판사는 쉽게 폭력을 가하는 남편 대부분은 아내를 절대 놓아 주지 않는다고 했다. 그런 남편은 아내에게 기생하면서 사는 것과 마찬가지라고. 숙주가 없으면 존재하지 못하는 기생충처럼.

그런데 그 이후 주변에서도 가정 안에서 벌어지는 가스라이팅에 대한 사례를 심심치 않게 만날 수 있었다. 한 여성 모임에서 들었던 이야기 하나를 기억한다. 그 당시 그 자리에 있던 누군가가 일하는 엄마로 사는 힘듦을 토로했고, 이야기는 자연스럽게 남편과 시댁, 가정생활과 사회생활에 대한 내용이 뒤섞였다. 어느 주제이든 저마다의 애환이 터져 나왔다. 그러던 중 40대 초반의 대학 교수인 A에게서 예상하지 못했던 이야기가 흘러나왔다. 그녀의 남편은 자신과 8살 차이로 현재 회사에 재직하고 있다고 했다.

"대학 시절에 만난 남편은 어른스럽고 배울 것이 많아서 좋았어요. 빈틈없고 듬직했죠. 제가 대학원에서 인간관계 때문에 힘들 때 도움을 많이 받았어요. 남편은 일찍 취직하고 사회생활을 시작해서 그런지 노하우가 있더라고요."

결혼 후에도 두 사람의 관계는 크게 달라지지 않았다. 일찍부터 자취 생활을 했던 남편은 살림을 잘했고, A가 서툴고 부족한 부분을 살뜰하게 챙겼다. 다만 잊지 않고 꼭 몇 마디를 덧붙였다. 너는 공부 말고 할 줄 아는 게 없다고, 자기 없이 어떻게 살겠냐고. A는 그가 뭐라고 하든 그가 자신을 사랑한다고 믿었다. 그러나 남편의 그런 말이 거듭될수록 자신이 정말 공부 외에는 할 줄 아는 게 없다는 생각도 들었다.

A는 학교에서 능력 있는 사람으로 평가받았지만 남편 앞에서는 늘 부족하고 모자란 사람이었다. 오랜 시간

길들여진 탓에 뭘 하든 뭘 사든 남편에게 물어보는 게 마음이 편했고 남편이 괜찮다고 해야 괜찮은 것이었다. 그래야 스스로도 안심할 수 있었다. 가끔은 남편이 불만스럽기도 했지만 그런 마음이 드는 자신이 나쁘다고 생각했고, 아내로서 제 역할을 제대로 못 하는 것 같아서 미안하기도 했다.

"그런데 아이가 태어난 뒤에는 모성애까지 없는 엄마가 됐죠. 그때가 제가 막 시간 강사로 일할 때였고 저도 엄마는 처음이잖아요. 한 번은 일이 늦게 끝나고 돌아와서 옷도 못 갈아 입고 애를 보다 그냥 잠들었어요. 그런데 남편이 저를 깨우고는 혀를 차더라고요. 일도 중요하지만 애 엄마가 너무한 거 아니냐고요. 저는 늘 모자란 엄마였어요."

A의 생각이 달라진 것은 몇 해 전 남편과 사촌 시누이를 함께 만난 자리에서였다. 그녀는 오래전부터 자기 사업을 해 왔던 터라 일하는 기혼 여성의 애환을 잘 알고 있었다. A가 대학에서 이룬 성과를 축하해 줬고 일하랴 육아하랴 힘들겠다며 A를 토닥였다. 그런데 이야기를 듣고 있

던 남편이 A를 깎아내리고 그동안 자신이 희생했다며 푸념을 했다. A가 민망해하는 순간 사촌 시누이가 웃으며 남편을 향해 일갈했다.

"너는 당연한 거 하면서 뭘 그렇게 생색이야? 부부가 살림이든 육아든 같이 하는 게 당연한 거고 잘하는 사람이 좀 더 하면 되지. 네 와이프 곧 정교수 된다며? 얼마나 장해. 너 어디 가서 그러지 마. 자격지심처럼 보인다?"

남편은 얼굴이 벌개져서 버럭했지만 사촌 시누이는 깔깔대며 대수롭지 않게 받아 넘겼다. 그때까지 가족 중 남편에게 대놓고 그런 말을 하는 사람은 없었다. 심지어 친정 식구들도 마찬가지였다. 돌아보면 그것도 참 놀라운 일이라고 생각했다. 그날 사촌 시누이의 말을 듣고 남편이 달라진 것은 아니었지만 A의 마음에는 물음표가 찍혔다. 남편이 사랑해서 하는 말이라고 했던 것들이 정말 사랑해서이기만 했던 걸까? 나는 왜 의심하지 않았을까?

"집에 돌아온 뒤에 사촌 시누이가 한 말이, 남편의 그

붉으락푸르락 하던 얼굴이 계속 생각나는 거예요. 남편은 연애할 때부터 그랬거든요. 끊임없이 자기가 도와준다, 너한테는 내가 필요하다, 나 같은 사람이 없다…. 제가 잘하는 것에 대해서는 제대로 칭찬해 준 적이 없어요. 돌아보면 친구들도 남편의 그런 면을 싫어했는데 저는 오히려 친구들이 못됐다고 생각했죠. 제가 그렇게 바보였어요."

 사실 A와 같은 이야기가 드물지 않다. 특히 가사와 출산, 육아에 있어 한국 사회가 여성에 대해 가지는 생각은 가스라이팅에 가깝다. 시대가 많이 바뀌었지만 그 같은 사회 분위기는 쉽게 변하지 않는다. 더 가슴 아픈 것은 여성 스스로 가사와 육아에 대해 과도한 책임감을 가진다는 점이다. 남편이나 가족, 지인이 꺼내는 '여자라면, 엄마라면 이래야 한다, 저래야 한다'는 식의 말들은 그 기준에서 벗어났을 때 죄책감을 야기하고 증폭시킨다.
 그런데 대다수의 경우 조사해 보면 이처럼 말로 상대를 정신적, 정서적으로 지배하려는 사람들 사이에는 공통점이 있다. 어린 시절 부모로부터 충분히 사랑받기보다 집안의 기대에 부응하기 위해서 지나치게 애쓰며 살아왔거나,

혹은 자신이 원하는 대로 해 주는 부모 밑에서 제왕처럼 자란 경우가 많다. 어느 쪽이 되었든 결핍, 자격지심, 비뚤어진 자아상에서 비롯된 성향일 텐데, 성인이 되어서 이에 대해 인식하고 있는 경우는 드물다. A의 남편 역시 외아들로 어린 시절부터 공부를 잘해 집안에서 기대를 크게 받아왔으나 시부모의 기대에 다다르지는 못했다고 했다.

A의 이야기가 끝난 후 그 자리에 있던 누군가가 지금은 남편이 좀 달라졌는지 물었을 때 그녀는 이렇게 말했다.

"평생 그렇게 살아온 사람인데 뭐가 달라졌겠어요. 오히려 제가 달라졌죠. 지금은 제가 모자란 사람이라고 생각 안 해요. 저 이번에 교수 평가도 잘 받았어요. 아이에게 살림 잘하는 엄마 말고 존경받고 유능한 엄마 하려고요. 조금 슬픈 건, 이제 남편이 사랑한다는 말, 사랑해서 그런다는 말을 믿지 않게 됐다는 거예요. 그런데도 가끔은 믿고 싶을 때가 있어요. 다 나를 사랑해서 그런 거라고요. 길들여진다는 건 무서운 거예요. 그렇죠?"

〈더 글로리〉의 전재준은
법적으로 딸을 찾아올 수 있을까?

"누가 뭐라고 해도 제가 아빠고 두 아이 모두 제 자식이에요. 저는 이혼을 원하지 않습니다."
"판사님, 저 사람은 아이들 친아빠가 아닙니다. 억지 부리는 거예요."

남자는 절박한 얼굴로 울었고, 여자는 굳은 표정으로 건조하게 말했다. 가정법원 판사 시절 겪은 이혼 소송으로, 사연인즉 부부 사이에는 미성년인 두 아이가 있었는데 둘 모두 남자의 친자식이 아니었다. 남자는 무정자증이었고, 첫째는 부부가 서로 합의하여 인공수정AID을 통해 낳은 아이였다. 둘째는 아내의 혼외자였으나 아내는 그 사실을 남편에게 말하지 않았다. 무정자증으로 진단받고도 임신이 되는 경우가 없지는 않아서 남편은 둘째를 진짜 자기 자식으로 믿었다. 큰아이를 사랑으로 키운 덕분에 하늘이 내려 준 선물이라고 생각해 더 극진하게 키웠다. 그러나 기쁨은 오래가지 못했다. 몇 년 뒤 아내가 사실을 남편에게 밝혔기 때문이다.

모든 사실을 털어놓은 아내는 그 상태로 혼인관계를 유지할 수 없다고 판단했고 이혼하기를 원했다. 아이들 모두 남편의 친자식이 아니므로 친권과 양육권 모두 자신이 가지겠다고 주장했다. 하지만 남편의 생각은 완전히 달랐다.

"둘 다 저와 피가 섞이지 않았어도, 둘째가 다른 남자의 아이라고 해도 상관없습니다. 태어나서 지금까지 다 사랑으로 키웠어요. 제 핏줄이 아니라고 해도 제가 아이들과 보낸 시간이, 제 애정이 거짓은 아닙니다."

내가 보기에도 남자의 말은 거짓 같지는 않았다. 그럼에도 불구하고 아내는 끝까지 이혼하기를 원했다. 이혼소송의 원칙은 유책주의인 만큼 소장에는 남편이 얼마나 이상한 사람인지, 나쁜 사람인지 빼곡하게 적혀 있었다. 결국 세 번의 기일 끝에 남편은 이혼에 합의했고, 아내가 아이들의 친권자 및 양육자가 되는 것에 동의했다. 그 대신 아내는 두 아이에 대한 양육비를 남편에게 청구하지 않았다.

그러나 친생부인의 소[4]를 제기할 수 있는 기간은 이미 지났으므로 법적으로 그는 여전히 아이들의 아빠였다. 당시 이 사건의 담당 판사였던 나는 남편에게 물었다.

"비록 이혼하는 것으로 결론은 났고 아내 분이 양육비 청구를 포기한다지만 남편 분은 어떤가요? 양육비를 지급하지 않고 아이들과 만나지도 않으면 아이들과의 인연은 이대로 끝일 텐데요."

남편은 슬픈 얼굴로 답했다.

"저도 양육비도 주고 아이들도 만나고 싶습니다."

---

4 혼인 중(혼인이 성립된 날부터 2백일 후 또는 혼인이 종료된 날부터 3백일 이내인 경우를 포함)에 출생한 자녀는 친생자로 추정 받는다(민법 제844조). 그러나 혼인 중 태어난 자녀가 명백한 사유에 의해 친생자가 아니라고 여겨지면 친생자임을 부인하는 소송을 제기해서 그 부자관계를 단절시킬 수 있는데, 이를 친생부인의 소 또는 친생부인 소송이라고 한다.

다행히 남편의 진심이 전해졌는지 아내는 남편으로부터 소액이지만 양육비를 받기로 했고 아이들이 남편과 정기적으로 만나는 것에 동의했다.

그런데 몇 년 뒤 대법원에서 유사한 사안에 관한 판결이 있었다(대법원 2019. 10. 23. 선고 2016므2510 전원합의체 판결). 이 부부도 남자가 무정자증이었고, 두 사람은 제3자로부터 정자를 제공받아 인공수정을 통해 아이를 낳은 후 친자식으로 출생신고를 했다. 이후 아내가 다른 남자와의 사이에서 둘째를 출산했으나 남자는 이 아이도 본인 자식으로 받아들였다. 그러나 몇 년 뒤 부부가 이혼하게 되자 남자는 아이들과의 사이에 친생자관계부존재 확인을 구하는 소를 제기했다. 가족관계등록부에 자신이 아이들의 아버지로 기재되어 있으나 사실은 아이들이 친생자관계가 아님을 확인해달라는 소송이었다.

1심에서 진행된 유전자 검사를 통해 두 아이 모두 남자와 혈연관계가 없다는 점이 확인되었다. 그러나 법원은, 첫째 아이는 남편의 동의를 받아 제3자가 제공한 정자로 인공수정을 하여 태어난 아이이므로 비록 남자가 무정자증이라고 해도 민법 제844조 제1항에 따른 친생추정의 예외를 인정할 수 없다고 보았다. 둘째 아이 역시 부부가 혼인 관계에 있을 때 임신, 출생하였으므로 민법에 따라 친생자로 추정되고, 사후적으로 유전자형이 배치된다는 사정이 밝혀지더라도 여전히 친생추정이 미친다고 하였다.

친생추정을 번복하기 위해서는 부부 중 한쪽이 친생부인의 사유가 있음을 안 날로부터 2년 내에 친생부인의 소를 제기하여 아이가 친생자가 아니라는 판결을 받지 않은 이상 친생자관계존부확인의 소로써 친생자관계가 존재하지 않는다는 사실을 확인하고자 하는 것은 부적법하다고 판단했다. 간단히 말하면 남자는 법적으로 두 아이 모두 자신의 친자식이 아니라는 걸 확인받고자 소송했으나 법원은 두 아이 모두 법적으로 남자의 자식이라고 확인해 준 셈이다.

그런데 이런 의문이 들 수 있다. 두 사례에서 둘째 아이는 모두 아내의 혼외자였고 유전자 검사를 통해서 남편의 친자가 아님이 명확해졌는데도 법은 왜 둘째 아이가 남편의 자식이라고 말하는가? 친생추정이란 대체 무엇인가?

민법 제844조는 남편의 친생자의 추정이라는 제목으로 다음과 같이 정하고 있다.

① 아내가 혼인 중에 임신한 자녀는 남편의 자녀로

추정한다.

② 혼인이 성립한 날부터 200일 후에 출생한 자녀는 혼인 중에 임신한 것으로 추정한다.

③ 혼인관계가 종료된 날부터 300일 이내에 출생한 자녀는 혼인 중에 임신한 것으로 추정한다.

드라마 〈더 글로리〉에서 박연진의 딸 하예솔과 전재준, 하도영의 관계를 예로 들어본다. 하예솔은 실제로는 박연진과 전재준의 딸이지만 박연진이 하도영과 혼인 생활을 하던 중 출산한 아이였다. 즉 혼인한 날로부터 200일 후에 출생한 자녀로, 예솔은 두 사람이 혼인 중에 임신한 것으로 추정한다. 같은 이유로 하도영도 예솔을 자기 자식으로 알았을 것이고, 그렇게 출생신고를 했을 것이다. 간단히 말해 예솔의 생부가 전재준이라고 해도 친생추정 원칙에 따라 예솔은 법적으로 하도영의 딸이다.

드라마에서는 전재준이 예솔이 자신의 친딸인 것을 알고 아이를 빼앗으려고 하는데, 원칙적으로 그는 예솔이 하도영의 친자가 아니라는 사실을 확인하는 친생자관계부존재확인의 소는 제기할 수 없다. 하도영과 예솔 사이에 친생추정을 번복하는 것은 친생부인의 소를 통해서만 가능하고, 이는 법률상 아버지인 하도영과 생모인 박연진만이 제기할 수 있기 때문이다. 하도영과 박연진이 일정한 기간 친생부인의 소를 제기하지 않은 이상 전재준이 나서서 법적으로 하예솔이 본인의 자녀라고 주장할 수는 없다.

　　우리는 예솔의 입장에서 하도영과 전재준 중 누가 아버지가 되는 것이 아이의 복리에 도움이 되는지 잘 알고 있다. 앞서 이야기한 사례에서 대법원 전원합의체 판결이 판시하듯이 친생추정 규정은 그 자체로 진실한 혈연관계와 일치하지 않는 법률상 친자관계를 발생시킬 가능성을 내포한다. 혼인 중 아내가 임신하여 출산한 자녀가 남편과 혈연관계가 없다는 점이 확인되었다는 사정만으로 곧바로 친생추정이 미치지 않는다거나 친생추정의 예외에 해당한다고 보아서 누구든 언제든지 친생자로 추정되는 부자관계를 다툴 수 있다고 해서는 안 된다. 이는 정상적인 혼인 생활을 하고 있는 것을 전제로 가정의 평화를 유지하고 자녀의 법적 지위를 신속히 안정시켜 법적 지위의 공백을 방지하고자 하는 친생추정 규정 본래의 입법 취지에 반하기 때문이다.

　　친생추정 규정을 통하여 형성된 법률관계가 오랜 기간 유지되어 견고해진 경우 이와 같이 형성된 자녀의 지위에 대해서는 누구든 쉽게 침범할 수 없도록 하여 자녀의 지위를 안정적으로 보장할 사회적 필요성도 있다. 이와 같은 맥락에서 최근 유전자 검사 기술의 발달로 과학적 친자감정이 가능하게 되었으니 친생추정 제도를 계속 유지할 필요가 없다는 주장에는 동의하지 않는다.

다만 현재 친생추정 제도가 보완할 점이 없다는 것은 아니다. 현 제도로는 친생부인의 소를 제기할 수 있는 자격을 가지는 남편 또는 아내가 친생부인의 사유가 있음을 안 날로부터 2년 이내에 소를 제기하지 않으면 자녀와 아버지 사이에 혈연관계가 없다는 이유만으로 자녀의 신분관계를 다툴 수 없다. 출생신고를 하고 일정 기간이 지나면 그때 가서 친자식이 아니라고 말하지 말라는 이야기이다. 이 역시 아이의 복리를 위해서 정한 원칙일 것이다.

그런데 만약 아이의 생부가 따로 있다는 사실을 알고 2년 이상 지난 뒤에 부부관계가 파탄되어 별거하고 있거나, 이혼하면서 아버지와 자식이 서로 부자관계에서 해방될 것을 원한다면? 혹은 이런 사정으로 아이가 학대받고 있다면 어찌해야 하는가? 아이의 생모와 법률상의 아버지가 아이 양육을 포기하고 행방불명 상태여서 아이의 생부가 아이를 양육하고 있는 상황이라면 생부는 어떻게 해야 하는가? 친생부인의 소 제소 기간이 지났으니 생부나 자녀가 법적 친자관계를 영원히 번복할 수 없도록 하는 것도 불합리하지 않은가? 이와 관련하여 여러 입법론이 있으나 여기서는 생략한다.

오늘날에는 이혼이나 재혼이 급격히 증가했고 이에 대한 사회적 인식도 많이 달라졌다. 가족관계 역시 꼭 혈연으로만 구성되는 것도 아니며, 이성 간의 혼인으로만 가정이 이루어지지도 않는다. 대법원 판결도, 가족의 형태가 매우 다양해진 사회 현실을 고려할 때 아이에 대한 신분법적 규율은 그 무엇보다 아이의 복리 향상에 그 목적을 두어야 하고 아이 본인의 자율적 결정을 가능한 한 존중해야 한다고 판시하고 있다.[5]

드라마 〈동백꽃 필 무렵〉의 필구는 경제적으로 안정적인 집안 환경 속에서 유명한 야구선수인 생부와 사는 것보다 가진 것이 많지 않아도 바닷가 작은 동네 옹산에서 사랑하는 엄마와 함께 사는 것이 더 행복하다는 것을 잘 안다. 또 다른 드라마 〈마더〉에서 친모의 무관심과 그녀의

---

5 대법원 2019. 1. 31.자 2018스566 결정, 헌법재판소 2005. 2. 3. 선고 2001헌가9 등 결정, 헌법재판소 2015. 3. 26. 선고 2012헌바357 결정 등 참조.

연인으로부터 학대받는 어린 혜나는 그 두 사람 대신 자신의 고통을 알아봐 준 완전한 타인, 수진을 자신의 가족으로 선택한다. 아이들은 자신이 누구와 함께 있어야 안정적이고 행복한지를 본능적으로 안다. 어떤 상황에서든 무엇보다 중요하게 생각할 것은 아이의 안전과 행복이고, 아이 본인의 의지여야 할 것이다.

이상적인 혼인의 형태란 무엇일까?

    2024년 5월 한 데이터컨설팅 회사에서 만 18세 이상 남녀 3000명을 대상으로 결혼과 출산에 대한 조사를 실시한 결과, 동거에 대해 긍정적으로 답한 응답자가 57%였다고 한다. 특히 20대와 30대의 긍정적 답변 비율이 높았다. 동시에 혼인신고에 대한 조사 결과도 있었는데, 전체 응답자의 38.4%가 혼인신고를 하지 않는 것에 긍정적으로 답했다고 했다. 즉 응답자의 61.6%만 결혼했다면 혼인신고를 해야 한다고 생각한다는 이야기이다. 그렇다면 요즘 사람들은 결혼하면 언제쯤 혼인신고를 하는지, 혼인하지 않은 채 연인과 함께 산다면 동거와 사실혼에 대한 기준은 알고 있는지 궁금하다.

겉에서 보는 삶의 모습은 사실혼과 동거를 구별하기 어렵지만 법적으로 사실혼과 동거는 아주 많이 다르다. 혼례를 치르고 부부로서 공동생활을 영위하지만 혼인신고는 하지 않을 때, 이는 법률적으로 사실혼이다. 물론 결혼식을 하지 않아도 당사자 사이에 혼인의 의사가 있고 부부와 같이 공동생활을 하고 있다면 이 역시 사실혼으로 인정받을 수 있다. 두 사람이 매우 친밀하게 지내며 육체적 관계를 맺는다는 사정만으로는 사실혼으로 인정받기에 부족하다. 같은 집에서 동거하며 공동생활을 하더라도 혼인의 의사가 없거나 불명확하면 단순한 동거 관계가 되고, 혹여 두 사람 중 한 명이 다른 사람과 법률혼을 유지하고 있다면 두 사람은 사실혼관계로 보호받기 힘들다.

사실혼과 동거의 구분이 중요한 이유는 법적 보호의 유무 때문이다. 사실혼에 대해서는 혼인에 준하는 법적 보호를 해 주지만 단순 동거에 대해서는 그 보호를 배제한다. 사실혼 관계가 끝난 경우에 당사자는 재산분할을 청구할 수 있고, 그 관계가 부당하게 파기되었다면 위자료도 청구할 수 있다. 군인연금법 등은 연금 수령권자로 사실혼 배우자를 법률혼 배우자와 동등하게 인정해 준다(다만 61세 이후에 혼인한 경우는 제외한다). 이와 달리 동거 관계라면 재산분할을 주장할 수 없다.

그런데 법률혼의 권리 의무 관계에서 자유롭기 위해 자의로 사실혼 형태를 선택한 커플에게 다시 법의 보호라는 이름으로 권리 의무를 지우는 것이 맞을까? 자유민주국가의 국민이라면 진정 본인이 원하는 형태의 관계를 형성할 수 있어야 하지 않을까?

독일의 본 대학Rheinische Friedrich-Wilhelms-Universität Bonn에서 방문 연구자 과정을 하던 2004년 가을이었다. 지역신문에 '이런 형태도 삶의 동반자 형태로 인정해 줘야 하는가' 라는 내용의 칼럼이 실린 적이 있다. 독일은 두 사람이 혼인신고를 하지 않고 서로를 인생 파트너로 등록하면 혼인신고를 한 부부처럼 자녀교육, 의료 등에 대한 사회복지 서비스를 받을 수 있다. 같은 집에서 동거하며 자녀를 낳고 키우는 이런 모습은 우리나라의 사실혼과 비슷하다. 그런데 신문에 실린 칼럼의 내용은 "그들은 연인관계를 맺고 있고 서로를 파트너라고 생각하더라도 결혼은 물론이거니와 혼인신고도 하지 않을 뿐만 아니라 같은 집에서 동거도 하지 않는다"는 것이었다. 요즘 젊은 사람들은 아침에 각자의 집에서 하루를 시작하고 일과를 마친 뒤 혹은 주말에 부부처럼 잠시 같이 지내다 헤어져 다시 각자의 집으로 돌아간다고 했다. 본인의 영역(공간)을 중시하고 상대방에게 얽매이지 않으려는 개인주의 풍조가 강해져서 그렇다는 내용으로 기억한다.

그때로부터 20년 가까이 지난 지금, 이 이야기는 한국에서도 낯설지 않게 들린다. 심지어 이런 관계의 형태는 이제 노인 세대에서도 드물지 않다. 어느 나라에서나 노년에 배우자와 사별하는 일은 자연스러운 일이고, 한국은 과거에 비해 이혼율이 증가하고 있으며 자녀와 함께 살지 않는 노인의 인구 수는 많아졌다. 이런 흐름 속에서 평균 수명도 늘어나며 노인들에게 이성 교제는 자연스러운 일이 되었다. 다만 문제가 있다면 이 세대의 이성 교제는 단순히 연애의 차원으로 끝나지 않고 상속과 재산분할 등의 분쟁이 발생할 수 있다는 점이다.

한 번은 60대 남녀가 상담 차 변호사인 나를 찾아왔다. 무슨 일인지 묻자 남자가 조금 망설이다 입을 열었다.

"저희는 둘 다 배우자를 잃었습니다. 제 아내는 5년 전에 세상을 떠났고, 이쪽은 이혼한 지 7년이 넘었고요. 그렇게 각자 홀로 지내다 얼마 전 클래식 모임에서 만나서 친구가 됐습니다. 서로 마음도 잘 맞고 이야기도 잘 통해서 노년에 서로 의지하며 지내면 좋겠다 싶었어요. 상의한 끝에 같이 살기로 했는데 그 전에 물어보고 싶은 게 있어서요."

남자의 말이 끝나자 그때까지 가만히 듣고 있던 여자가 이어 말했다.

"이 나이에 다시 식을 올리겠다는 것도 아니고, 혼인신고를 하겠다는 것도 아니에요. 그냥 같이 사는 것뿐인데 혹시 문제되는 게 있을까요? 저희 집이나 이 사람 집이나 애들이 말들이 많아서…"

이분들 나이쯤 되면 사연이 어떻든 대부분 자녀가 있고 각자 형성한 재산이 있다. 연애라면 모를까 살림을 합쳐 부부처럼 살게 되면 법적으로 문제될 만한 요소가 발생한다. 이에 대해 나는 솔직하게 이야기했다.

"두 분이 혼인신고를 하지 않는다고 해도 부부처럼 한집에 사신다고 하면 사람들은 두 분 관계를 사실혼이라고 생각할 겁니다. 함께 살기 전에 서로의 재산에 대해서 관여하지 않기로 약속하신다고 하더라도 같은 집에서 함께 생활하다 보면 결국 경제적으로도 공유하는 부분이 생길 거고, 그러면 결국 서로의 재산에 대해 관여할 근거가 생깁니다. 혼인신고를 하지 않으면 상속은 일어나지 않지만 두 분 중 한 분이 돌아가시기 전에 다른 한 분이 재산분할을 청구하면 인용될 수도 있습니다. 아마 자녀분들이 좀 알아보셨다면 그런 부분을 염려하는 걸 거예요."

내 이야기를 들은 두 사람은 적잖이 당황한 기색이었다. 여자가 서둘러 다시 물었다. 각자 재산에 대해서는 관여하지 않는 것으로, 재산분할도 받지 않는 것으로 합의서를 쓰면 되지 않느냐고. 그러나 법원은 재산분할에 대해서는 이혼 혹은 사실혼이 끝나는 시점에 약정을 해야 그 효력을 인정한다. 즉, 두 사람이 헤어지는 시점에 서로 재산분할을 하지 않겠다고 의사를 표명해야 인정해 준다는 뜻이다. 두 사람이 결혼하는 시점에, 혹은 함께 살기 시작하는 때에 훗날 언젠가 헤어질 것을 예상하며 재산분할은 하지 않겠다고 약속해도 법원은 그 약속을 인정해 주지 않는다.

"그럼 어떻게 하면 좋을까요? 나중에 재산 문제로 양쪽 집에 분란이 생기는 것은 저희 둘 다 원하지 않는데요."

"일단 주민등록등본상 거주지가 같은 주소로 되어 있으면 문제의 소지가 있으니 사실혼으로부터 자유롭고자 하신다면 한집에 사시는 건 생각해 보셔야 할 거예요."

내 이야기를 듣고 두 사람은 생각이 많은 얼굴을 하고 돌아갔다. 나중에 듣기로 두 사람은 한집에 사는 대신 서로 이웃한 집을 구해 살기로 했다고 했다. 각자 독립된 집에 살면서 잠깐씩 서로의 집을 오가며 생활하기로 한 것이다. 생활비 통장이 아니라 데이트 통장을 마련해 함께하는 시간에는 그 통장에 넣어 둔 돈을 쓰고, 각자의 생활은 알아서 하기로 했다고도 했다. 두 사람은 법이 두 사람의 공동체에 개입해 재산분할을 할 수 있는 여지를 만들고 싶지 않았던 것이다.

이런 사례를 접하면서 법률혼과 사실혼, 동거 등 커플의 공동생활 형태에 따른 법률적인 권리와 의무에 대해 생각해 보았다. 젊은 커플이든 노년의 커플이든 법률혼에 따르는 권리와 의무가 싫어서, 사실혼으로 인한 법의 개입이 싫어서 이런 형태의 관계를 꺼리는 경우도 종종 있다. 혼인과 가족생활은 국가의 근간을 이루는 것이므로 헌법은 개인의 존엄과 양성 평등을 기초로 성립되고 유지되어야 하며, 국가는 이를 보장한다고 정하고 있다. 국가는 당연히 가족 구성원이 부당한 대우를 받지 않도록 법과 제도로 이 관계에 촘촘하게 개입하여 보호하려고 하겠지만, 나는 본인이 자기결정권에 따라 느슨한 연인관계를 형성할 수 있는 영역도 필요하다고 생각한다.

부부처럼 공동생활을 하고 싶은 의사는 있지만 혼인제도에 관한 권리 의무에서 자유롭고 싶은 연인이 함께 살다 분쟁이 발생했을 경우, 법은 이 관계를 사실혼으로 볼 수도 있다. 그런데 사실혼관계가 인정되면 재산분할이나 위자료 청구가 가능하다. 만에 하나 발생할 수 있는 상황이 두려워 두 사람이 함께 하는 삶을 망설이게 된다면 과연 이것이 바람직한 것일까? 이에 대한 법의 보호를 과연 미덕이라고만 할 수 있을까? 적어도 두 사람이 앞으로 함께하는 삶을 계획할 때에 그들이 법과 제도가 상정한 모습에서 벗어나서 존재할 수 있는 여지를 줄 수 있도록 하는 것이 더 낫지 않을까?

모든 법과 제도는 완벽하지 않고 사회 변화에 제대로 대응하지 못한다. 혼인의 형태도 그렇다. 이상적인 법률혼을 전제로 하는 법과 제도만 고집할 것이 아니라 이제는 구성원을 보호한다는 제도와 그 제도에서 자꾸 벗어나려는 수범자(법규범의 적용을 받는 자)를 어떻게 조화시켜야 사회가 발전하는 모습과 같은 방향일 수 있는지 고민해 봐야 한다.

성년후견이 필요한 이유

"오빠가 저 모르는 사이에 엄마를 모셔 갔어요. 어떻게 이럴 수 있나요? 제가 바라는 것은 엄마 떠나실 때까지 엄마와 같이 사는 것뿐이에요. 돈은 상관없어요."

사건청구인은 중년 여성으로 그녀의 어머니는 오랜 시간 교수로 일했고 가진 재산이 많았다. 나이가 들어서도 영어로 편지를 쓰고 많은 책을 읽을 만큼 지적인 능력이 있었다. 딸은 아버지가 돌아가시고 자신도 이혼하면서 모친과 같이 살았는데, 지난 해 엄마의 인지 능력이 예전 같지 않아서 검사해 본 결과 알츠하이머 진단을 받았다고 말했다. 모친의 알츠하이머 진행 속도는 보통 사람들보다 더뎠고 그것은 딸이 엄마를 살뜰하게 보살핀 덕분이었다. 그녀는 엄마가 전과 다름없이 자신과 함께 식사하고 산책하고 대화했는데, 얼마 전 자신이 집을 비운 틈을 타 오빠가 찾아와 말도 없이 엄마를 데리고 가서는 어디에 모셨는지 알려주지 않는다고 했다. 이것이 그 여성의 주장이었다.

그런데 그녀의 오빠라는 사람의 이야기는 달랐다. 모친이 산책을 나왔다가 길을 잃었고 모친을 발견한 누군가의 연락을 받고 모셔 왔으며, 앞으로는 아들인 자신이 보살필 것이라고 했다. 여동생에게 알리지 않은 것은 어머니 본인이 원한 것이라고 했다. 두 사람 중 어느 쪽이 진실을 말하고 있는지는 명확한 증거가 없었으므로 알 도리가 없었다. 게다가 이런 상황이 사건이 되어 가정법원 판사인 내게 왔을 때 이 남매의 어머니는 의사 능력이 부족한 것을 넘어서 거의 상실에 이른 상황이었다.

딸은 엄마의 재산 관리를 오빠가 해도 상관없으니 엄마와 살 수 있게만 해 달라고 했다. 그러나 그것 또한 진심인지 아닌지는 알 수 없었다. 왜냐하면 후견인이 없다면 모친이 있는 곳에 모친의 재산이 있기 때문이다. 무엇보다 딸이 진심이라고 해도 그 상황에서 그녀가 엄마를 다시 모시고 와 함께 살 방법이 없었다. 아들이 엄마를 납치한 것이 아니라면 부모가 아들 집에서 사는 것이 문제가 되지 않고, 그 사실을 딸에게 꼭 알려야 할 의무도 없다. 어느 쪽의 말이 사실이든 분명히 알 수 있는 한 가지는 이 모친에게는 후견인이 필요하다는 점이었다. 무엇보다 모친의 상태와 상황에 대해 좀 더 알 필요가 있었다.

나는 사건 담당 판사로서 가사조사를 명령했다. 가사조사가 실시되어 조사관이 실제로 모친을 만나야 했으므로 아들은 모친이 어디에 있는지 더는 숨길 수 없었다. 확인해본 바 남매의 어머니는 서울의 한 병원에 입원 중이었다. 곧 조사관이 병원을 방문해 그 어머니를 만났고 그녀의 상태를 확인했다. 또한 모친이 의사 능력을 상실한 중에도 딸과 함께 지내기를 원하고 있다는 사실도 확인했다. 알고 보니 아들이야말로 어머니의 상태나 어머니를 돌보는 일에 크게 관심이 없었다.

결국 어머니와 딸이 함께 지내는 쪽으로 가족과 친지들 간에 의사가 모아졌고, 어머니 친척 중 한 사람을 모친의 후견인으로 정해 재산을 관리하도록 했다. 당시에는 성년후견 제도가 생기기 전이어서 딸이 아니면 아들을 후견인으로 정하는 것이 원칙이었지만 남매 중 한 사람이 후견인이 되면 다시 분란이 생길 게 뻔했으므로 후견인은 그들의 친척 중 한 사람으로 정해졌다. 최소한 한 달에 한 번 어머니를 모시고 병원에 가야 하는데 그때에는 후견인에게 그 내용을 전해서 후견인이 오빠에게 어머니 상태를 공유하기로 했다.

2013년 7월 1일부터 시행된 성년후견 제도는 질병이나 장애, 노령 등의 사유로 정신적 제약을 가진 사람들이 자기 삶을 영위해 나갈 수 있도록 도입한 것이다. 과거와 달리 후견이 필요한 이의 의사와 그에게 남아 있는 능력을 존중하는 데 중점을 두고 후견 범위를 개별적으로 정할 수 있다. 이 제도가 실시되면서 후견이 불가피한 성인에게 재산뿐만 아니라 치료, 요양 등 신상에 관해서도 폭넓게 도움을 줄 수 있게 되었다.[6]

한편 이 성년후견 제도는 정신적 제약이 없는 사람이어도 이용할 수 있다. 가령 아직 인지 능력이 충분한 본

---

[6] 성년후견 제도는 크게 법정후견과 임의후견으로 나눌 수 있고, 법정후견에는 성년후견, 한정후견, 특정후견이 있으며, 이 법정후견의 경우 후견인을 법원에서 정한다. 이때 후견받는 이의 여러 사정을 고려해 적합한 사람을 후견인으로 선임하고, 가족, 친척 친구 등은 물론 변호사, 법무사, 세무사, 사회복지사 등의 전문가도 후견인으로 선임될 수 있으며, 여러 명이 선임될 수도 있다.

인이 훗날을 대비해 재산 관리, 신상 보호에 관한 일을 맡기는 내용으로 믿을 만한 사람과 공정증서로 계약을 체결하여 나중에 치매, 알츠하이머 등 정신적 제약이 발생한 때를 스스로 준비할 수 있다. (이 경우는 임의후견에 해당한다.) 뿐만 아니라 재산이 많지 않아 분란이 없거나 적을 것으로 예상되는 경우에도 이용할 수 있고, 가족이 아닌 경우에도 성년후견을 신청할 수 있다. 실제로 독거 노인이 기초생활수급자로 지원금을 받는데, 그조차도 주변인이나 자식이 빼앗아 가는 일들이 있다. 이런 경우 지방자치단체장이 성년후견을 신청하고 법원이 사회복지사 혹은 봉사 정신이 투철한 봉사자를 후견인으로 정해서 당사자가 생활을 영위하는 데 피해를 입지 않도록 조치할 수 있다.

사람들 대부분이 성년후견은 재산 문제 때문에 신청할 것이라고 생각하지만 내가 이 제도가 중요하다고 생각하는 데는 다른 이유가 있다. 앞서 말한 사례처럼 정신적 제약이 있는 부모라고 하더라도 딸이든 아들이든 자식과 부모는 만나서 소통할 수 있어야 한다고 생각한다. 부모에게 문제가 발생했을 때 자식들 간에도 대화는 필요한데, 앞의 사례처럼 재산 문제가 얽혀 있다면 형제자매 사이에 이성적인 대화나 합의가 더 어려울 수 있다. 이런 경우에 제3자로서 부모의 입장을 대변할 수 있는 후견인이 있다면 대화로 문제를 합리적인 방향으로 풀어가는 데 도움이 된다. 또 성년후견인은 재산관리 뿐만 아니라 신상에 관해서도 권한이 있기 때문에 어느 한 자식이 마음대로 다른 자식에게 부모를 만나지 못하도록 하는 것은 이제 어렵다. 비록 재산 문제로 인한 갈등을 쉽게 해소할 수 없더라도 가족이 만나서 서로 눈을 맞추고 대화할 수 있도록 돕는다는 점에서 성년후견 제도는 중요하다.

미성년자의 후견인을
결정하는 기준

　부부가 휴가 차 두 아이를 데리고 미국 여행을 떠났다. 보름의 휴가를 마치고 귀국하기 위해 공항으로 가던 길, 거대한 탱크로리 한 대가 중앙선을 침범해 이 가족이 타고 있던 차와 충돌했고, 부부는 그 자리에서 즉사했다. 아이들은 큰 부상을 입었지만 현지 병원에서 수술을 받고 살아남았다. 그때 두 아이는 갓 10살이 넘은 나이였다.

　이 사고로 아이들은 많은 보험금을 받게 되었다. 뿐만 아니라 부부는 생전에 나름 모아둔 재산이 꽤 있었다. 서울 외곽의 집, 지방의 작은 건물을 소유하고 있었으며 부부가 재직하던 회사에서 퇴직금 외에 어린 자녀들을 위해 별도의 위로금을 모아 주었다. 졸지에 어린 아이들이 감당하기에는 버거운 재산이 생긴 것이다.

　　이렇게 친권자가 존재하지 않게 되면 미성년후견이 개시되는데, 이 사건을 진행할 무렵의 법은 피후견인에 해당하는 아이들의 가까운 친척 중 제일 나이 많은 사람이 아이들의 후견인이 되도록 했다. 그 당시 법에 따라 이 사건에서도 아이들의 외할머니가 후견인으로 정해졌다. 그런데 느닷없이 아이들의 작은아버지가 자신이 후견인이 되어야 한다며 나섰고, 온갖 이유를 가져다 대며 후견인 변경 신청을 했다. 결국 여러 번 심리를 한 끝에 아이들은 작은아버지와 같이 살기로 하되 제3자인 변호사를 후견인으로 지정하여 재산은 변호사가 관리하도록 했다. 이렇게 해두면 아이들의 재산을 작은아버지가 임의로 사용할 수 없다.

　　시간은 무심하게 흘렀다. 어느새 성인이 된 큰아이는 동생과 함께 미국으로 가 그곳에서 학교를 다니기로 했고, 이를 위해 후견인인 변호사가 관리하던 본인 예금을 해지하려고 했다. 하지만 아이들의 예금은 후견인 이름으로 관리되어 왔으므로 성년이 된 큰아이가 요청했다고 해도 은행은 예금을 해지해 주지 않았다. 아이들 부모가 소유하던 부동산도 그 사이 매각되어 금융재산으로 관리되고 있었기 때문에 큰아이의 예금계좌에는 거액이 들어 있었다. 큰

아이와 함께 은행을 방문한 작은아버지가 강력하게 항의했지만 공교롭게 당시 휴가 중이었던 후견인과 연락이 닿지 않아 은행도 어쩔 수 없었다. 은행은 두 사람에게 돈을 빨리 찾고 싶으면 법원의 허가를 받아 오라고 했다.

    이런 경위로 두 사람을 법정에서 만나 지난 사연을 들었다. 이야기는 주로 작은아버지라는 사람이 했고 아이는 말을 아꼈다. 또래에 비해 조숙한 아이였다. 작은아버지는 다니던 회사를 그만두고 자신의 가족과 이 아이들과 함께 미국에 가서 살 계획이었다. 큰아이의 예금을 인출하고 미국에 있는 자금을 더해 거주할 주택과 학비를 충당할 생각이라고 했다. 미국에는 오래전 부모의 사고로 아이들이 받은 보험금 일부가 신탁계좌로 남아 있었다. 이상할 것 없는 이야기였다. 하지만 직업병이었을까? 자료를 확인해 보니 작은아버지는 아이들과 같이 살면서 아이들의 생활비 증액을 계속해서 요구했던 터였다. 그 생활비로 본인 가족들도 편익을 누렸다는 의혹이 남아 있는데 이제 당분간 본인의 수입을 기대하지 못하니 더더욱 아이들의 재산에 기대어 생활할 수 있겠다는 생각에 불안했다. 나는 작은아버지라는 사람에게 물었다.

"○○가 해지하고 인출하려는 예금은 ○○에게 남은 마지막 상속재산이라는 것은 알고 계시죠? ○○는 앞으로 어떻게 살아갈까요?"
"○○, ◇◇ 둘 다 미국에서 학교를 다닐 텐데 제가 잘 돌봐야지요."
"이 예금으로 미국에 가셔서 돈을 어디에 사용할 계획인가요?"
"그건 그러니까, 일단 미국으로 가는 항공편도 필요하고요. 아이들과 함께 살 집과 학비에 써야겠지요…."

나의 걱정과 불안을 눈치채고 있던 그는 아무 걱정할 필요 없다는 듯이 말했지만 썩 믿음직하지 못했다. 나는 그가 돈의 사용처를 구체적으로 답할 때까지 거듭해서 묻고 그의 대답을 조서에 기록했다. 그다음 그를 먼저 퇴정하게 하고 난 뒤에 큰아이에게 그 조서 등본을 발급 받아 가져가라고 했다.

"○○ 씨, ○○ 씨는 이제 성인이고 ○○ 씨가 직접 그 계좌의 돈을 빼서 작은아버지에게 주면 이제는 법원에서 되돌리라고 할 수 없어요. 그 대신 작은아버지가 그 돈을 어떻게 쓰겠다고 약속한 내용이 이 조서에 있어요. 그런 일이 일어나지 않아야겠지만 만약 나중에 작은아버지가 약속을 지키지 않았을 때 도움이 될 수도 있을 거예요. 내가 해 줄 수 있는 게 이것뿐이네요."

법정에 혼자 앉아 있던 아이는 말없이 고개를 주억거리다가 간신히 고맙다는 말을 남기고는 법정을 나갔다.

교통 사고, 재해 등으로 부모를 동시에 잃은 미성년자에게 적지 않은 보험금 등이 지급되는 경우 그 재산을 둘러싸고 친인척 사이에 다툼이 벌어지는 경우가 종종 있다. 2013년 7월부터 시행되고 있는 개정 민법은 미성년자에 대한 법정후견인 제도를 폐지하고 미성년자의 복리를 위해 가정법원이 미성년자에게 가장 적절한 후견인을 선임하도록 했지만, 미성년후견인은 성년후견인과 달리 복수로 선임될 수 없다. 법원이 미성년 자녀의 재산을 보전하기 위해 친족이 아닌 제3자, 이른바 전문가를 후견인으로 선임하는 경우에는 미성년 자녀를 실제 양육하는 양육자는 법적인 지위가 없어서 어려움을 겪고, 전문가 후견인은 재산 관리만 담당하므로 동거하지 않는 미성년자의 신상 관리에 어려움을 겪는다.

가령 변호사가 아이의 후견인이 되었을 때, 변호사는 아이의 생활에 밀접하게 관여하기 어렵다. 만약 피후견인인 아이가 휴대폰을 개설하려 한다면 후견인인 변호사의 동의가 필요한데, 이런 일이 있을 때마다 변호사가 동석할 수는 없는 노릇이다. 그런 점에서 재산 관리는 신탁을 활용하는 것이 좋겠다고 생각해 본 적이 있다. 나이 어린 미성년자의 복리와 재산 보전을 위해서는 동거하는 친족이 후견인이 되어 아이의 신상을 보호하고, 재산은 신탁으로 관리하는 식이다. 법원의 허가를 받아 재산을 신탁으로 관리하게 되면 신탁계약의 유연성을 이용해서 그 가족에 적합한 내용으로 신탁계약을 체결할 수 있다는 장점이 있다.

실제로 2017년 세월호 참사로 부모를 잃은 미성년 아이가 있었다. 당시 아이에게 지급된 보험금 등 아이 앞으로 15억 원 가까운 재산이 생겼는데, 법원은 아이가 성인이 될 때까지 해당 재산이 안전하게 보전될 수 있도록 미성년자의 임시후견인에게 금융기관과 특정금전신탁을 체결해 그 재산을 관리하도록 했다. 신탁을 이용해 은행에서 아이에게 필요한 돈을 매달 정액 지급하고, 그보다 더 필요한 경우에는 법원이 허가해 주는 선에서 더 지급될 수 있도록 했으며, 아이가 성인이 된 직후에도 모든 돈을 한꺼번에 다 찾을 수 없도록 제한해 두었다. 법적으로 성인이 되었다고 해도 의사 결정을 단독으로 하기에는 아직 어려움이 있고, 특히 주변 어른들의 관여로부터 자유로울 수 없기 때문이다. 다만 성인이 된 이후에는 매월 증액하여 생활비를 지급받도록 하고, 25세가 되었을 때 신탁재산의 절반 정도를, 30세가 되었을 때 나머지 반을 찾을 수 있도록 신탁계약의 내용을 정했다. 이외에도 사건본인인 아이나 미성년후견인이 교육비, 여행비 등에 대해 추가로 자료를 구비해 청구하면 수탁자가 지급하도록 하여 적시에 아이가 필요한 부분에 아이의 재산이 사용될 수 있도록 하는 내용으로 신탁계약이 체결되었다.

또 다른 측면에서 우리 법은 법인이 미성년후견인이 되는 것을 제한하고 있는데, 아마도 미성년후견이 필요한 아이는 자연인인 어른과 함께 사는 것이 당연하다고 생각하기 때문일 것이다. 하지만 들여다보면 한국여성변호사회와 같이 공익에 뜻을 둔 단체들이 있고, 이 같은 단체가 법인으로서 미성년자의 후견을 맡게 되면 아이에게 더 많은 도움을 줄 수 있다. 어른들로부터 학대 당하거나 어떤 피해를 입을 때, 한 개인보다 단체가 아이를 더 적극적으로 보호해 줄 수 있을 것이기 때문이다. 뿐만 아니라 단체 구성원 여럿이 아이를 함께 돌볼 수 있으며, 후견에 대한 감독의 기능을 수행할 수도 있을 것이다.

이제는 어른과 사회의 잣대가 아닌, 온전히 아이의 인권과 복리를 위해 무엇이 더 필요할 것인가를 고민해 보고, 변화가 필요하다면 변화를 시도해 볼 필요가 있지 않을까? 그런 점에서 법인도 후견의 자격을 얻을 수 있는 제도가 마련되기를 바란다.

6월에
가을 국화를 꿈꾸며

　가정법원에서 소년보호재판을 하던 때에 만난 10대 중반의 소년이 있었다. 그는 오래전 부모가 이혼한 뒤로 아버지와 함께 살았고, 아버지는 먹고사는 일로 바빴으며, 소년은 대체로 홀로 시간을 보내며 자랐다. 학교에 들어간 뒤에는 모범생도 불량학생도 아닌, 여느 학급에나 있는 아이들 중 한 명으로 컸다. 그랬던 소년이 달라지기 시작한 것은 아버지의 재혼 이야기가 나온 뒤부터였다.

　아버지는 택시 기사로 일하며 자주 가던 식당에서 일하던 지금의 아내를 만났다고 했다. 그녀는 일찍 남편과 사별했고 어린 딸이 하나 있었다. 혼자 아이를 키우며 먹고사느라 힘겨웠던 두 사람은 서로 애환을 주고받다 정이 들었다. 다행히 여자는 성실하고 인품이 좋았고, 그녀의 어린 딸도 소년의 아버지를 잘 따랐으며 여자도 소년을 살뜰하게 챙겼다. 얼마 후 아버지는 여자와 살림을 합치기로 했는데 아들의 반응은 예상 밖이었다.

아들은 아버지의 재혼을 받아들이지 못했다. 여자와 그 딸을 함께 만날 때에도 아들이 두 사람을, 그 같은 상황을 편히 여기지 않는 줄은 알았으나 그렇게까지 반대할 줄은 몰랐다. 아버지는 당황했지만 재혼을 포기하지 않았다. 그 역시 의지하고 살 반려자가 필요했고, 시간이 지나면 아들이 이해할 거라고 믿었기 때문이다.

그러나 소년은 조금씩 엇나가기 시작했다. 아버지의 재혼 이후에는 집 밖으로 나도는 날이 많았다. 학원도 가지 않고 불량한 친구들과 어울려 다녔고 집에 들어오지 않는 날도 조금씩 늘었다. 동네 편의점에서 물건을 훔치다 걸려 아버지와 새엄마가 경찰서로 불려가는 일도 있었다.

아버지와 새엄마가 속을 끓이는 사이, 아이의 비행은 점점 심해졌다. 어느 날 함께 어울려 다니는 친구들과 늦은 밤 취객과 몸싸움을 벌이고 그의 지갑을 훔쳤고 곧 경찰에 잡혔다. 아이의 아버지와 새어머니는 피해자를 찾아가 피해를 보상하며 선처를 구했지만 소년은 결국 소년보호재판을 받게 되었다.

조사 보고서를 살펴보니 소년은 제 행동이 잘못되었다는 것을 알고 있었다. 아버지에게 짐이 되지 않으려고 애썼던 마음, 제 의사를 무시하고 재혼한 아버지에 대한 서운함과 반항심, 새엄마가 좋은 사람이라는 것은 알지만 어색하고 불편한 마음이 뒤섞여 있었다. 아버지와 새엄마, 그녀의 딸을 바라보면 그 사이에서 자신이 불필요한 존재처럼 느껴졌다고도 했다. 뿐만 아니라 새엄마가 딸을 지키고 사는 것을 보면 자신을 버리고 간 친모에 대한 원망은 커졌고, 동시에 친모가 보고 싶었다. 그런 여러 감정들을 소화해 내기에 소년은 아직 어렸다. 그렇다고 해도 소년의 잘못이 사라지는 것은 아니므로 소년은 결국 6호 처분을 받고 종교 단체가 운영하는 청소년 시설에서 6개월을 지내게 되었다.

소년이 시설에 입소한 지 석 달 뒤, 나는 그 시설을 방문해 소년을 만났다. 그 사이 소년의 얼굴은 꽤 달라져 있었다. 법정에서 볼 때보다 한결 편안해 보였다. 시설 주방에 놓인 식탁에 마주보고 앉아서 인사를 나눴다. 내가 안부를 묻자 소년은 조금 부끄러운 듯이 슬쩍 웃더니 잘 지내고 있다고, 수사님들이 잘해 주신다고 답했다. 그리고 쭈뼛

거리며 말했다.

"판사님, 저 여기 보내 주셔서 감사해요."

기대하지 않은 인사였다. 석 달 사이 아이의 마음에는 어떤 변화가 있었던 걸까. 알 수 없지만 아이에게 묻지 않았다. 아이의 밝아진 얼굴과 이 짧은 인사만으로도 충분했다. 다만 한 가지는 궁금했다. 소년의 부모가 나와 한 약속을 잘 지키고 있는지. 법정에서 그의 새엄마인 여자에게 부탁했었다. 아이가 시설에 입소하고 나면 자주 아이를 찾아가 만나달라고. 그때 여자는 꼭 그렇게 하겠다고 약속했었다.

"어머니는 잘 만나고 있어?"
"네. 한 달에 여러 번 먹을 것을 사 가지고 오세요."
"아버지도 같이 오시니?"
"매번은 아니어도 가끔 같이 오세요."
"잘됐다. 다행이네."
"사실 자주 오겠다고 말했을 때 믿지 않았거든요. 저는 그분 친아들도 아니고요. 처음에는 안 믿었는데 정말 오더라고요. 한 번만 오고 말 줄 알았는데 아니었어요."

소년은 그렇게 말하고 웃었다. 여자가 약속을 지키고 있어서 무척 다행이었다. 사실 소년은 운이 좋은 편이었다. 그래도 부모 같은 부모가 있었기 때문이다. 소년의 아버지는 술에 취해 폭력을 휘두르며 가정을 내팽개친 사람이 아니었고, 어머니가 되어준 사람은 따뜻하고 인품이 좋았으며 소년에게도 성실했다. 어쨌거나 마음을 돌린 소년에게도 고마웠으나 약속을 지켜 아이 스스로 마음을 열게 한 여자에게 특히 고마웠다. 소년이 약속된 6개월을 모두 마치고 집으로 돌아간 뒤에 어떻게 살았는지는 알 수 없지만 그런 부모가 있으니 그 전과는 다르게 생활했을 거라고 믿는다.

오래전에 읽은 『한비야의 중국견문록』에는 모든 꽃이 봄과 여름에만 피지 않는다는 이야기가 있다. 아무도 가늠하지 않았던 가을에 홀연히 꽃을 피우는 국화처럼 저마다 꽃을 피우는 시기가 제각각이니, 남들이 재는 시기에 그 일을 해내지 못했다고 하더라도 용기와 희망을 잃지 말자는 이야기였다. 문득 가정법원에서 소년보호재판을 받는 아이들이 그 국화 같다는 생각이 들었다. 그리고 그 곁을 지키는 어른들이 필요하다고 생각했다. 사회로부터 어른들로부터 상처받고 어둠 속에서 방황하던 아이들도 주변의 좋은 어른들이 아이가 좌절하지 않도록, 다른 길을 볼 수 있도록 곁에서 관심과 애정으로 살피기를 포기하지 않으면 아이는 비록 늦더라도 제 꽃을 피운다. 가정법원 판사로서 소년재판에 선 아이들을 만났을 때나, 그로부터 꽤 많은 시간이 흐른 지금도 나는 법대에 선 아이들 곁에 좋은 어른이 있어 주기를 희망한다. 단 한 명이라도 아이를 믿고 지지해주는 어른이 있다면 아이는 최악으로 무너지거나 망가지지 않는다. 세상 모든 아이들에게 그런 어른이 단 한 명이라도 있기를, 그래서 아이들이 언젠가는 꼭 자기만의 꽃을 피울 수 있기를 진심으로 바란다.

사람들이 타인의 이야기를 통해서
가족 간에 다양한 갈등이 생길 수 있다는 것을 미리 안다면
자신에게 비슷한 상황이 발생했을 때
좀 더 슬기로운 해결 방법을 찾을 수 있지 않을까?
이런 일이 나에게만, 내 가족에게만 있지 않구나
하는 위로도 될 수 있지 않을까?

2부

상속에 관한 사정

상속이란 무엇인가?

 자수성가하여 큰 부를 일궜던 남자가 세상을 떠났다. 그는 사망하기 10년 전에 이혼했고 재혼은 하지 않아서 상속인은 전 부인과의 사이에서 낳은 아들 둘과 딸 둘이었다. 이혼 소송 당시 남자와 그의 아내는 누가 더 혼인 파탄에 책임이 있는지를 두고 격렬하게 싸웠는데 자녀 넷도 편이 갈렸다. 남자가 이혼을 원하지 않는다고 하자 아내는 남편의 온갖 약점과 비리를 끄집어내 그를 공격했고, 모친의 편에 선 자식들도 나서서 아버지인 그를 비난했다. 그런 상황에서 남자를 이해하고 그의 곁을 지킨 것은 큰딸뿐이었다. 그렇게 5년 가까이 이어진 이혼 소송 끝에 남자는 아내뿐만 아니라 아내 편을 든 자식들에 대한 미움도 깊어졌고 큰딸을 제외한 가족들과의 인연을 끊고 살았다.

그 당시 이혼 소송을 마치며 재산분할을 하고도 남자에게는 상당한 재산이 남았다. 남자는 그동안 유일하게 자기 편이 되어준 큰딸에게 남은 재산을 전부 주겠다고 결심했다. 큰딸이 함께 살며 그를 돌본 것은 아니지만 그의 집과 본인 집을 오가며 아버지인 그를 보살핀 것은 사실이었다. 시간이 흐르고 남자는 큰딸에게 사후를 맡기겠다고 하며 상속재산 대부분은 큰딸이 갖고 나머지는 다른 친족에게 좀 나누어 주고 사회에 기부하는 형태로 알아서 처리해달라는 말을 남기고 세상을 떠났다.

문제는 그 다음에 벌어졌다. 유언장은 물론이고 남자의 말을 입증할 문서나 녹음 파일, 증인이 전혀 없었기 때문이다. 부모의 이혼 후 아버지와 연이 끊겼던 세 자식은 큰딸을 상대로 상속재산분할 심판을 청구했고, 이에 큰딸은 격분했다.

"저는 두 분 이혼 소송할 때 걔들이 아버지에게 퍼부었던 말들, 행패 부렸던 것 하나하나 다 기억해요. 정말 그런 후레자식들이 없었어요. 두 분 이혼하신 뒤에 단 한 번도 아버지를 찾아온 적도 없어요. 심지어 아버지 장례식에도 오지 않았고요. 그리고 걔들 몫은 이미 두 분이 이혼하면서 재산분할로 가져간 거 아녜요? 이제 와서 어디 뻔뻔하게 뭘 더 달라고 할 수 있어요? 아버지는 절대로 동생들에게 아무것도 주지 말라고 했어요."

그러나 큰딸의 분노와 관계없이 재판은 시작됐고, 재판 과정은 상대방에 대한 원색적인 비난으로 점철되어 갔다. 상속재산을 어떻게 나눌 것인지 다투는 재판이었으나 양측은 부모의 이혼 과정부터 다시 공방을 벌였다. 큰딸은 동생들이 돌아가신 아버지를 욕보인다며 오열했고, 세 동생은 그런 그녀를 돈밖에 모른다고 비난했다. 어느 쪽도 서로를 이해하거나 양보할 생각이 없어 보였다.

그러나 네 사람은 피를 나눈 형제들이었다. 당시 이 사건 담당 판사였던 나는 그렇게 싸움으로 치닫기만 하는 것이 안타까워 조정위원을 모시고 몇 차례 조정기일을 진행했다. 조정위원들은 상속재산을 5등분해서 세 동생에게 각각 5분의 1을, 큰딸에게는 5분의 2를 분할하는 방안을 가지고 당사자들을 설득하려고 했지만 동생들은 그 안을 받아들이지 않았다. 5분의 1이 충분하지 않다는 이야기였다. 돌아가신 아버지 생전에 한 번도 찾아오지 않고 장례식에도 오지 않았던 것을 생각하면 이들의 반응이 놀라웠지만 나는 간신히 동생들을 설득해 조정안에 합의하겠다는 답을 받았다. 그러나 이번에는 큰딸이 그렇게 합의할 수 없다며 반대하고 나섰다.

"절대 그럴 수 없어요. 아버지는 저 자식들에게 십 원 한 푼도 주지 말라고 하셨다고요."

사실 고인의 뜻이 그렇다고 한들, 큰딸의 말은 어디까지나 그녀의 주장일 뿐 아무런 증거가 없었다. 법정 싸움이 이어진다고 해도 그녀에게 유리하지 않았다. 그럼에도 불구하고 큰딸은 뜻을 꺾지 않았다. 그녀는 동생들과 화해할 생각이 조금도 없어 보였다.

이 사건을 진행하는 동안 내 머릿속에서는 몇 가지 질문이 꼬리를 물었다. 도대체 상속이란 뭘까? 고인은 대체 무엇을 기대한 걸까? 큰딸의 말대로 그녀가 고인이 유일하게 믿고 사랑했던 자식이라면 재산을 두고 큰딸이 동생들과 이토록 싸우기를 바랐을까? 고인이 생전에 상속 문제를 정리해 두고 떠났다면 이런 불필요한 싸움은 없었을 것이다. 긴 이혼 소송을 경험했던 그가 법이 인정하는 형식에 따라 유언하지 않고 세상을 떠난 것이 무척 안타까웠다. 어쩌면 유언을 공증하는 비용이 아까워서 자필증서 유언을 작성했지만 그것을 찾지 못했는지도 모른다. 그것도 아니면 아직 살 날이 많이 남았다고 생각하고 유언서를 작성하는 일을 차일피일 미뤘는지도 모른다.

물론 고인이 큰딸에게 재산 대부분을 상속하는 내용으로 법적 효력이 있는 유언을 남겼다고 하더라도 유류분 제도[7]가 있으니 그의 눈 밖에 난 자식들은 분명히 유류분

---

7   사유재산 제도하에서는 자기의 재산을 자기의 의사대로 처분할 수 있는 자유를 갖는 것이 원칙이므로 유언의 자유를 인정함으로써 이를 실현할 수 있도록 하고, 반면에 유언 자유의 원칙을 관철하는 경우에 여러 가지 폐단이 생길 수도 있기 때문에 유언 자유의 절대성을 조정하는 규정으로 피상속인에 의한 재산처분의 절대적 자유를 제한하려는 것이 유류분 제도이다. 즉 유류분 제도의 근본적인 취지는 피상속인의 유언 자유의 원칙에 따른 증여 등의 무분별한 재산 처분 행위로부터 유족들의 생존권을 보호하고, 법정상속분의 일정 비율에 상당하는 부분을 유류분으로 산정하여 상속인이 상속재산에 대하여 갖게 되는 기대권을 보장받음으로써 가정의 평화와 친족상조의 건전한 공동생활 유지를 도모하고자 함에 있다. 현행 민법상 유류분의 권리자와 유류분은 피상속인의 직계비속과 배우자는 그 법정상속분의 2분의 1이며, 피상속인의 직계존속은 법정상속분의 3분의 1이다. 당초 피상속인의 형제자매도 유류분을 청구할 수 있었지만 헌법재판소 2024. 4. 25. 선고 2020헌가4 등 사건에서 위 내용이 위헌으로 결정되어 형제자매의 유류분 권리는 소멸되었다.

다툼을 했을 것이다. 그런데 이 사건을 진행하면서 상속 문제에 단순히 금전만이 아니라 사람의 마음이 얽혀 있다는 것을 알았다.

솔직히 아무리 부모가 이혼했다고 하더라도 아버지 생전에 단 한 번도 찾아오지 않았고 장례식에조차 오지 않았던 자식들이 이제 와서 법정상속분에 따른 상속재산분할을 요구하는 것이 그리 좋게 보이지 않았다. 끝까지 재산을 나눌 수 없다고 하는 큰딸보다 오히려 다른 자식들이 돈만 밝히는 것처럼 보이기도 했다. 조금 더 과장해서 말하자면 아버지를 가족으로 생각하지 않았으면서 아버지가 사망하자 그 재산을 탐내는 부도덕한 사람들이라는 생각도 했다.

그런데 조정 과정에서 들여다보니 그들은 그들 나름대로 마음에 상처가 있었다. 부모의 이혼 과정에서 아버지를 비난했던 것에 대한 부채 의식, 끝까지 자신들에게 냉정했던 아버지에 대한 서운함, 아버지와 돈독했던 장녀에 대한 부러움과 질투, 그런 갖가지 감정이 뒤섞여 이성적으로 사고하지 못했다. 다시 말하면 비록 자신들이 아버지를 거부했지만 그들도 고인 생전에 아버지의 사랑을 받고 싶었고 아버지의 사랑을 객관적으로 느끼고 싶었던 것이다.

제3자인 나는 상속재산이란 상속인인 자식들이 열심

히 땀 흘려서 형성한 것이 아니고 부모가 물려준 것인만큼 그들에게 거저 주어지는 것과 다름없으니 피를 나눈 형제에게 일정 부분 양보할 수 있을 것이라고 생각했다. 그러나 상속인들의 생각은 달랐다. 돈도 돈이지만 상속재산을 돌아가신 아버지에게 받을 수 있는 일종의 사랑의 징표로 여겼다.

이런 상속인들의 태도는 다른 사건에서도 볼 수 있었는데, 모친 사망 후 발생한 한 상속 분쟁에서 청구인은 "어머니는 나만 구박했고 나에게만 인색했다"라는 말을 하곤 했다. 그녀는 소송 과정에서 어머니가 다른 형제들에게 생전에 증여한 것이 없고 유언도 남기지 않고 돌아가셨기 때문에 상속 재산이 자신과 다른 형제들에게 균등하게 상속된다는 것을 확인하고 나자 형제들과 화해했다.

이 사건을 진행하면서 나는 이 청구인이 자신도 다른 형제들과 똑같은 자식이라고 큰소리 쳐 보고 싶었던 것 같다고 느꼈다. 어머니가 자신을 제외한 다른 형제들에게 재산을 미리 증여하지 않은 것이나 유언을 남기지 않은 사실을 두고 어머니가 다른 형제들과 자신을 차별한 것은 아니었다고, 사실은 자신도 어머니에게 사랑받았다고 느낀 것 같았다. 이런 사례들을 마주하며 부모와 달리 자식들에게 부모의 상속이란 돈 이상의 의미일 수 있겠다는 생각이

들었다.

어느 부모가 자신들이 세상을 떠난 뒤에 자식들이 상속재산을 두고 골육상쟁하는 것을 원할까? 하지만 말하지 않아도, 정리해 두지 않아도 자식들이 내 진심을 잘 알 테니 별일 없겠지 같은 생각은 안일한 것이다. 본인의 진심은 가능한 한 명확히 표현해 두는 것이 좋다. 생전에 재산이나 관계에 대해서, 원망이나 아쉬움 같은 감정에 대해서 모두 정리해 두는 것이 사후에 벌어질 수 있는 분쟁을 예방할 수 있다.

한 가지 덧붙이자면, 자식이 여럿일 때는 가급적이면 자식들이 오해하지 않도록 재산은 비슷한 비율로 나눠주는 것이 낫다. 열 손가락 깨물어 아프지 않은 자식이 없다지만 실제로는 더 마음이 가는 자식이 있기 마련이다. 하지만 특별한 자식, 안타까운 자식에게 더 주고 싶더라도 마음 가는 대로 하기보다 다른 자식들을 포함한 상속인들에게도 최소한 유류분만큼은 나눠주고 특별히 마음 가는 자식에게 그 나머지를 더 주는 것이 낫다. 그렇게 하지 않으면 상속인들에게 재산을 남겨 주는 것이 아니라 언제 터질지 모르는 시한폭탄을 넘기는 것이나 진배없다.

한편으로 이 사건은 내게 법리적으로 생각할 거리도

주었다. 우선 큰딸이 아버지에게 힘이 된 것은 사실이지만 그녀가 아버지와 동거하며 아버지를 간병한 것이 아니고 재산 형성에 도움이 된 것도 아니기 때문에 단지 심리적으로 힘이 되었다는 것만으로는 법률이 정한 기여분[8]을 인정받기 어렵다. 또한 비록 큰딸의 주장을 인정할 증거는 없지만 만약 아버지 생전에 특정 재산을 자신에게 주기로 했다는 큰딸의 말이 인정된다면 '유언장이 없다고 하더라도 사인증여[9]의 성립과 효과를 주장할 수 있는가?' 하는 점을 고민하게 되었고, 추후 사인증여라는 주제에 관심을 가지게 되었다.

어쨌든 일련의 상속과 관련한 사건들을 지켜보며 내가 깨달은 것은 상속재산이 단순히 돈만의 문제는 아니라는 점과 가진 것이 많든 적든 상속은 미리 준비해야 한다는 점이다. 변호사가 이런 말을 하면 누군가는 절세 방안을 떠올리겠지만 내가 피상속인이나 상속인들과 만나 먼저 나

---

[8] 상속 시 피상속인의 재산의 유지 또는 증가에 관하여 특별히 기여하였거나 피상속인을 특별히 부양한 자가 있는 경우 이를 상속분 산정 시 고려하는 상속법상 제도.

[9] 말 그대로 증여를 하는 것이지만 그 효력이 증여자의 사망으로 인해 발생하는 계약.

누는 이야기는 세금에 관한 것이 아니다. 변호사가 된 이후 상속을 준비하는 어르신들을 만나면 본인이 자식들에게, 사후에 남아 있는 사람들에게 어떻게 기억되고 싶은지를 먼저 묻는다. 거기에서부터 출발하면 피상속인도 상속인도 상속의 근본적인 의미를 다시 생각해 볼 수 있을 것이다.

생전 증여의
유불리에 관하여

"아니, 그 아파트는 아버지가 저 결혼할 때 집 장만하라고 보태주신 건데요? 그게 왜 상속재산에 포함되나요? 그거 받았다고 제가 받을 게 아무것도 없다는 건 말도 안 되죠. 아버지 돌아가시기 전까지 제가 병원비도 더 부담했고 더 신경 썼다고요."

30대 후반의 남성은 벌개진 얼굴로 울분을 토했다. 사연인즉, 아내와 사별 후 아들 둘을 홀로 키워낸 아버지는 지병으로 사망했고, 그의 두 아들은 안심상속 원스톱서비

법정상속분의 예시

구분	상속인	상속인 상속분	배분율
피상속인의 자녀 및 배우자가 있는 경우	장남, 배우자만 있는 경우	장남 1	2/5
		배우자 1.5	3/5
	장남, 장녀(미혼), 배우자가 있는 경우	장남 1	2/7
		장녀 1	2/7
		배우자 1.5	3/7
	장남, 장녀(출가), 2남, 2녀, 배우자가 있는 경우	장남 1	2/11
		장녀 1	2/11
		2남 1	2/11
		2녀 1	2/11
		배우자 1.5	3/11
피상속인의 자녀가 없고 배우자 및 직계존속(부,모)이 있는 경우		부 1	2/7
		모 1	2/7
		배우자 1.5	3/7

스[10]를 통해 아버지에게 은행 예금 2억 원이 있다는 걸 알았다. 모친도 사망하였으므로 상속인은 두 아들이 전부였고, 법정상속분은 각각 1/2이었다. 장남은 이에 따라 1억 원씩 상속받는다고 생각했지만 차남은 생각이 달랐다. 아버지가 생전에 형이 결혼할 때 아파트 전세금으로 2억 원을 줬으므로 형은 이미 받을 것은 다 받았다는 것이다.

상속재산분할을 할 때에는 피상속인 사망 당시에 남아 있는 재산만 나누지 않는다. 상속재산에는 피상속인이 생전에 상속인에게 증여한 것도 포함된다. 즉 이 사례에서 고인이 생전에 장남에게 증여한 2억 원도 상속재산분할 대상에 포함된다. 결론적으로 상속재산은 남겨진 은행 예금 2억 원만이 아니라 장남이 고인 생전에 받은 2억 원을 포함한 4억 원이다.[11] 따라서 상속인들은 법정상속분에 따라 각 2억 원을 상속받게 된다. 그런데 장남은 이미 2억 원을 받았으니 별도로 상속받을 것이 없고 은행 예금 2억 원은 차남

---

10 정부가 제공하는 서비스로 정부24 웹사이트에서 확인할 수 있다. 이 서비스를 통해 피상속인의 금융재산과 부채, 보험, 부동산, 동산, 세금 등(코인은 제외)의 정보를 한 번에 확인할 수 있다.

11 상속세 및 증여세법 제13조에 따른 상속세 과세가액은 피상속인 사망 전 10년에 상속인들에게 증여한 재산 뿐만 아니라 그 이전에 상속인들에게 증여한 재산도 포함한다.

이 상속받는다. 법적으로 차남이 주장한 바가 맞다. 이 사실을 알게 된 장남은 억울하다는 얼굴을 했지만 차남의 입장에서는 당연한 일이었다. 오히려 아버지 생전에 2억 원을 받고도 돈을 더 받겠다고 하는 형이 야속했을지 모를 일이다.

이런 결과를 놓고 보면 생전 증여가 유리하다는 사정이 없다. 피상속인 생전에 재산 일부를 미리 받은 상속인 대부분은 이 사실을 이유로 피상속인에게 몇 배 더 잘해야 한다는 부담을 지며 다른 상속인들의 질시로 괴로워하기도 한다. 그래서 생전 증여 받은 상속인들은 이 사례 속 장남처럼 고인 생전에 받은 재산이 상속재산분할 대상에 포함되는 것에 반발하기도 한다. 그럼 과연 생전 증여가 상속인에게 유리한 걸까, 불리한 걸까?

먼저 다음과 같은 경우를 생각해 본다. 아들 둘을 둔 아버지가 있다. 그는 큰아들이 혼인할 때 2억 원을 증여했고, 차남에게도 훗날 그가 혼인할 때 2억 원을 줄 생각으로 돈을 모아 두었다. 그런데 어느 날 친구가 사정이 급하다며 찾아와 부탁하는 터에 차남에게 줄 몫인 2억 원을 친구에게 빌려주었다. 하지만 친구는 끝내 파산하여 돈을 돌려받지 못했고, 그는 결국 상속재산을 아무것도 남기지 못하고 사망했다. 이런 상황이라면 어떻게 될까?

상속인별 청구 가능한 유류분 비율

상속인	유류분 비율
피상속인의 자녀	법정상속분의 1/2
피상속인의 배우자	법정상속분의 1/2
피상속인의 부모, 조부모	법정상속분의 1/3

 이 경우 차남은 그저 장남을 상대로 유류분반환청구를 할 수 있을 뿐이다. 유류분이란 상속인이 법률상 반드시 취득하도록 보장되어 있는 상속재산의 가액으로, 이 경우 상속재산은 장남이 미리 증여받은 2억 원이며, 유류분은 법정상속분의 1/2로 5000만 원이다. 따라서 차남은 형을 상대로 유류분 부족분 5000만 원을 청구할 수 있다.

 그렇다면 증여와 유증이 함께 있는 경우는 어떨까? 증여가 생전에 미리 재산을 상속인에게 주는 것이라면 유증은 유언자가 유언을 통해 상속하는 것을 말한다. 피상속인이 집을 한 채 소유하고 있다가 생전에 장남에게 증여하거나 유언으로 장남에게 증여하고 사망하는 경우, 다른 상속재산이 없다면 차남이 장남을 상대로 유류분을 청구하는 범위는 동일하다. 그런데 생전에 미리 재산을 받은(증여) 상속인과 유언으로 재산을 받은(유증) 상속인의 희비가 엇

갈리는 경우가 있다.

예를 들어 한 남자에게 아들 삼 형제가 있다고 가정해 보자. 남자는 생전에 장남에게 2억 원 상당의 집을 사주었다(증여). 그리고 죽기 전 자신이 거주하던 2억 원 상당의 집을 차남에게 증여했고(유증), 사망 후 남은 상속재산은 5000만 원 상당의 자동차라고 가정한다. 이런 상황이라면 대부분 상속인들의 협의로 자동차는 막내가 가지게 될 것이다. 그러나 이 상태에서 분쟁이 모두 봉합되었다고 보기는 어렵다. 오른쪽 그림에서 보듯이 막내는 형들을 상대로 유류분 부족분 2500만 원을 청구할 수 있고 아마도 그렇게 할 것이다. 이때 유류분은 '상속재산 4억 5000만 원 × 1/3 × 1/2 = 7500만 원'이고, 상속받은 5000만 원을 공제하면 부족분은 2500만 원이 된다.

그런데 이 같이 유류분반환청구의 목적인 증여나 유증이 함께 있는 경우, 민법은 "증여에 대하여는 유증을 반환 받은 후가 아니면 이것을 청구할 수 없다"라고 규정하고 있다. 즉 유류분권리자는 먼저 유증을 받은 자를 상대로 유류분 부족분의 반환을 구해야 한다. 그 뒤에도 유류분 부족분이 여전히 남아 있다면 이 경우에 한해 증여 받은 자에 대해 그 부족분을 청구할 수 있다(대법원 2001. 11.

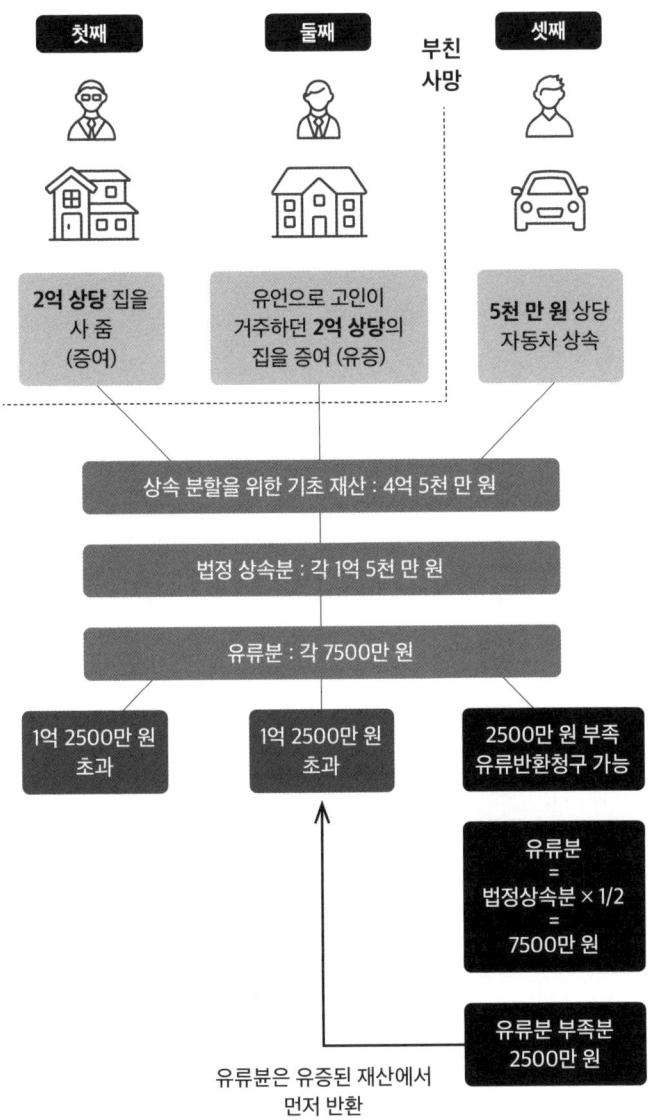

30. 선고 2001다6947 판결 참조).

즉 이 예시에서 유증 받은 사람은 차남이니, 장남은 증여된 집을 온전히 소유할 수 있고, 차남만 막내에게 2500만 원을 반환할 의무가 있는 셈이다. 결국 피상속인으로부터 같은 금액의 증여나 유증이 있었다고 해도 법리적으로 유류분은 유증된 재산에서 먼저 반환해야 하므로 유류분 사건에서 증여 받은 상속인은 유증 받은 상속인보다 유리하다.[12]

결국 피상속인이 생전에 마음 가는 자식이 있거나 다양한 이유로 특정 자식에게 먼저 재산을 좀 더 주어도 법적으로 상속재산분할을 할 때에는 생전에 증여된 재산까지 포함해 분할하게 된다. 증여와 유증에 대해서도 유류분 반환과 관련한 분란이 발생할 수 있다.

상속 분쟁의 두 축은 결국 상속재산분할 심판과 유류분반환청구 소송이다. 앞서 여러 사례를 가정해 살펴보았지만, 대체로 이 두 가지 분쟁에서 당사자들 사이에 가장

---

[12] 참고로 증여 또는 유증된 재산 등의 가액이 자기 고유의 유류분액을 초과하는 수인(2인 이상)의 공동상속인이 있는 경우, 유류분 권리자에게 반환해야 할 재산과 범위를 정하는 기준에 대해 대법원은 2013. 3. 14. 선고 2010다42624,42631 판결에서 판시한 바 있다.

크게 견해가 대립되는 부분은 다음의 두 가지였다. 첫째, 피상속인 생전에 특정 상속인을 대상으로 증여가 이루어진 것이 있는가. 둘째, 증여가 이루어진 바가 있다면 그 증여를 특별수익으로 볼 수 있는가. 이 같은 상속 분쟁을 가정법원 판사로서, 변호사로서 오랜 시간 지켜보면서 얻은 결론은 다음의 세 가지이다.

첫째, 증여나 유증을 제외하고도 상당한 상속재산이 있는 경우에는 특정 상속인에게 증여나 유증으로 인한 이익이 특별히 없다. 둘째, 하지만 증여나 유증으로 상속재산의 대부분이 이전된 경우, 이전 받은 상속인은 다른 상속인보다 법정상속분에 비해 많은 재산을 취득할 수 있다. 셋째, 두 번째의 경우 유류분 분쟁이 발생할 수 있고, 증여와 유증이 모두 있는 경우에는 유증재산부터 유류분 부족분을 계산하는 결과, 증여 받은 상속인이 유리할 수 있다.

결국 상속인들 간의 상속 분쟁을 최대한 피하는 방법은 어떤 상황이든 간에 피상속인 생전에 재산과 상속에 대해 미리 정리해 두는 것이다.

생전에 합의한
상속재산분할 약정

"아버지가 돌아가시자 엄마는 당신도 금방 세상을 떠날 것처럼 시름시름 앓으셨어요. 받을 건 다 받고도 집의 일은 나 몰라라 하던 오빠와는 오랜 시간 사이가 좋지 않았는데, 아버지가 돌아가신 뒤에 오빠가 엄마에게 살갑게 잘하대요. 저는 탐탁지 않았지만 엄마가 기운을 차리시더라고요. 엄마가 기력을 회복하는 게 우선이라서 상속재산을 나눌 때도 엄마 뜻대로 했죠. 아버지는 40억 원 상당의 작은 건물과 20억 원 상당의 아파트, 그리고 예금을 남겨 주셨는데 건물은 오빠가 받기로 하고, 아파트는 엄마가 상속받아서 사시다가 돌아가시면 제가 받기로 했고, 예금으로 상속세를 납부했어요. 분쟁 없이 상속 문제를 해결했다고 다른 사람들이 많이 부러워했죠.

　　엄마는 마음이 편해졌는지 10년 이상 건강하게 사시다가 3년쯤 전에 아파트를 저에게 상속한다는 유언장을 작성해서 주셨어요. 그리고 엄마가 돌아가신 뒤에 엄마 사시던 아파트로 이사하겠다고 오빠에게 이야기했더니 오빠가 무슨 소리냐며 화를 엄청 내는 거예요. 아파트도 당연히 반씩 나눠야 한다고 말하는데 정말 너무 기가 막혀 화도 나지 않더라고요. 제가 유언장을 오빠에게 보여 주자 유언장이 무효라고 소리치더니 이렇게 소장을 보냈네요."

아버지 사망 후 상속인들이 상속재산분할에 대해 합의했다. 딸은 한평생 아버지의 지원으로 생활한 오빠가 너무 미워서 본인의 법정상속분을 주장하고 싶었지만 결국 마지막 소원이라는 어머니 뜻을 따를 수밖에 없었다. 다만 혹시나 하는 마음에 상속재산분할에 따른 합의서를 작성하면서 어머니 사후에 아파트는 본인(딸)이 상속받고 오빠는 어머니 재산에 대해서는 상속을 포기하겠다고 적으라고 했고, 오빠는 그렇게 해 주었다. 하지만 어머니가 세상을 떠나자 오빠는 약속을 손바닥 뒤집듯이 너무 쉽게 깨뜨렸다. 심지어 어머니가 남긴 유언장도 본인의 의사에 반해 작성된 것이니 무효라고 주장했다. 소장을 들고 나를 찾아온 딸은 어머니가 유언장을 작성해 줘서 얼마나 다행인지 모른다면서 내 입에서 오빠가 제기한 소송은 기각될 거라는 말이 나오기를 기다렸다.

하지만 유감스럽게도 그 답을 해 줄 수 없었다. 어머니가 작성해 둔 유언장이 유효하더라도 법적으로는 딸이 오빠에게 유류분으로 아파트 지분을 이전해야 할 수도 있기 때문이었다. 아버지의 상속재산 중 오빠는 40억 원 건물을, 딸은 20억 원 아파트를 받은 것이 아니다. 오빠가 받은 건물은 아버지의 상속재산이고, 딸이 받은 아파트는 어머니의 상속재산이다. 법의 시각에서 보면 딸은 애초에 아버지의 상속재산 중 아무것도 받지 않기로 정한 셈이다. 처음 아버지의 상속재산을 나눌 때 유류분 부족분을 구할 수 있었지만 이미 시간이 많이 지났으니 청구할 수 없고 포기한 셈이 되었다. 또 어머니는 자신의 전 재산인 아파트를 딸에게 상속한 셈이다. 아들은 비록 어머니로부터 아무것도 받지 않기로 약속했지만 우리 법원은 이렇게 어머니 생전에 아들이 어머니의 상속재산을 포기하겠다고 약정한 것은 무효라고 본다(대법원 2011. 4. 28. 선고 2010다 29409 판결 등).

그나마 딸이 기댈 수 있는 법리는, 아버지 사망 후 오빠가 건물을 상속받는 것으로 상속인들 사이에 상속재산분할협의가 이루어졌는데, 이것은 어머니가 오빠에게 자신의 상속분 일부를 무상으로 양도하는 것이나 다름 없으니, 이처럼 무상으로 양도된 어머니의 상속분은 어머니의 사망으로 인한 상속에서 유류분 산정을 위한 기초재산에 포함된다는 것이다(대법원 2021. 8. 19. 선고 2017다230338 판결).

즉 아버지의 상속재산 60억 원(건물 40억 원 + 아파트 20억 원) 중 어머니는 아파트를 상속받았는데, 사실 어머니의 상속분은 법정상속분 3/7에 해당하는 25.71억 원이므로, 이중 아파트 20억을 본인이 받고 나머지 5.71억 원을 오빠에게 증여한 셈이 된다. 아버지 사망과 어머니 사망 시의 부동산 가치가 동일하다고 가정했을 때 어머니의 상속재산은 아파트 20억 원과 오빠에게 생전에 증여한 5.71억 원을 더한 25.71억 원이고 오빠의 유류분은 6.42억 원(25.71억 원 × 법정상속분 1/2 × 유류분 1/2)이다. 그런데 이미 오빠는 어머니로부터 5.71억 원을 증여받은 셈이었으니 0.71억 원(6.42억 원에서 이미 증여받은 5.71억 원을 뺀 차액)을 유류분 부족분으로 청구할 수 있다.

하지만 누가 봐도 이런 결론은 부당하다. 이미 아버지의 사망 후 아버지 상속인들은 자의로 가정의 평화를 유지하는 방향으로 상속재산을 분할했다. 어머니의 상속재산은 결국 아버지의 상속재산인데 법은 이것을 억지로 분리하고 가장 많이 가져간 아들의 손을 다시 들어주는 셈이다. 아버지 사망 후 상속인들이 한 합의를 법이 유효하다고 인정하면 되는데 왜 우리 법은 그렇게 하지 않을까? 피상속인 생전에 상속에 관한 말을 논하는 것이 불온하다고 여겨서일까? 하지만 약속을 어기고 평화를 깨트린 아들에게 제재를 가하여야 하는 것이 아닐까?

상속을 방관하거나 잘못하면 상속인들에게 고마움 대신 원망을 들을 수 있고, 그것은 재앙이라는 것을 알게 되면서 생전에 상속 계획을 세우려는 사람들이 늘어나고 있다. 만약 추정 상속인들과 상속에 관한 유효한 합의를 할 수 있다면 사회 전체적으로 분쟁이 줄어들어 갈등 지수가 감소될 수 있지 않을까 생각한다.

고마운 자식에게
생전 증여하는 것이 유리할까?

　장남은 철이 들자마자 아버지 소유의 가게에 나와 일했고, 아버지와 장남은 힘을 모아 가게의 규모를 늘려 나갔다. 그 덕분에 동생들은 대학 공부까지 마치고 번듯한 직장에서 일하고 제때에 결혼했다. 열여섯 이후로 하루도 빠짐없이 출근해 가게를 돌보았던 장남에게 아버지는 오랜 세월 의지했고, 장남 덕분에 가족 모두가 경제적인 여유를 누릴 수 있었다는 것을 아버지는 잘 알고 있었다. 그렇기에 가게는 무조건 장남의 것이라고 생각해 왔다. 하지만 그의 친구들은 노인이 된 그에게 생전에 재산을 자식들에게 미리 주지 말라고 당부했고, 그는 친구들의 말에 일리가 있다고 여겼다. 결국 그는 생전에 장남에게 가게를 넘기지 않았다.

그 대신 다른 자식들에게 이 가게는 큰형의 것이라고 신신당부했는데, 그럴 때마다 장남의 동생들은 아버지의 말을 받아들이는 것 같았다. 그리고 살 날이 얼마 남지 않게 되었을 때가 되어서야 아버지는 상속재산 중 유일한 부동산인 가게를 장남에게 증여해야겠다고 마음먹었다.

사실 이런 이야기는 흔한 사례이다. 만약 이 이야기에서 아버지가 상속재산 중 유일한 부동산인 가게를 생전에 장남에게 증여했다고 가정해 보자. 이에 대해 아버지 사망 후 다른 상속인들이 전혀 불만이 없다면 아무 문제가 없다. 하지만 상속인들 중 한 명이라도 생각이 다르면 장남은 유류분반환청구 소송의 피고가 될 가능성이 높다. 이런 사안 대부분에서 장남은 이만큼 가게를 유지하고 키워 온 것은 자신의 노고와 기여가 없었다면 불가능했으며, 그런 이유로 가게는 자신의 것이나 다름없고, 이 점을 고인이 증여로써 명확히 한 것이라고 주장한다. 또한 이렇게 주장하면 가게를 온전히 본인이 소유할 수 있을 거라고 생각한다. 하지만 법리는 그렇게 녹록하지 않다.

장남이 이런 주장을 하는 것은 기여분 때문이라고 할 수 있는데, 대법원은 유류분반환청구 사건에서 원칙적으로 기여분을 주장할 수 없다고 판시했기 때문이다(대법

원 2015. 10. 29. 선고 2013다60753 판결 참조).[13]

만약 이 사례에서 아버지가 가게를 장남에게 증여하려고 결심했지만 상속재산으로 남겨 두고 사망했다면, 장남을 포함한 상속인들이 함께 상속재산인 가게를 어떻게 할 것인지 협의해야 한다. 우선 상속인들이 아버지가 생전에 말했던 대로 이 가게가 장남 것이라는 데 동의한다면 상속재산분할 협의를 통해 가게를 장남이 상속받게 될 것이다. 그렇지 않고 다른 상속인들도 법정상속분만큼 받아야 한다고 주장하면 상속재산분할 심판 과정에서 장남은 기여분을 청구할 수 있고 상당 부분 기여분으로 인정받을 수 있다.

그런데 아버지가 장남에게 생전에 가게를 증여했고, 다른 상속인이 이에 반발하여 장남을 상대로 유류분반환청구를 했다면 원칙적으로 장남은 기여한 바에 대해 주장하지 못하고 다른 상속인에게 유류분 부족분을 반환해야 할 가능성이 높다. 즉, 가게를 상속재산으로 받을 때와 생전 증여로 받았을 때의 그 결과가 다를 수 있다는 말이다.

---

13 대법원은 설령 공동상속인의 협의 또는 가정법원의 심판으로 기여분이 결정됐다고 하더라도 유류분을 산정함에 있어 기여분을 공제할 수 없고, 기여분으로 인해 유류분에 부족이 생겼다고 해서 기여분에 대해 반환을 청구할 수도 없다고 판시하였다.

하지만 만약 이 사례에서 장남이 그 가게를 취득하는 것이 상속재산 분배에 있어 공평한 일이라면, 아버지 생전에 증여 받든, 사망 후 유증으로 받든, 상속재산으로 받든 결과가 동일해야 하지 않은가? 피상속인이 생전에 증여했는지 여부에 따라 서로 다른 결과가 초래될 수 있다면 이는 형평에 어긋나는 일이며 납득하기 어렵다.

물론 최근 대법원은 피상속인으로부터 생전 증여를 받은 상속인이 피상속인을 부양하거나 피상속인 재산의 유지나 증가에 특별히 기여한 바가 있고, 그에 대한 대가의 의미가 생전 증여에 포함되어 있는 경우, 상속인이 증여 받은 재산을 상속분의 선급으로 취급한다면 오히려 공동상속인들 사이의 실질적인 형평을 해치는 결과가 초래될 수 있으니, 그런 한도 내에서 생전 증여를 특별수익[14]에

---

14 특별수익이란 재산의 증여 또는 유증을 통해 공동상속인에게 증여 또는 유증으로 이전한 재산을 말한다. 어떠한 생전 증여가 특별수익에 해당하는지는 피상속인의 생전의 자산, 수입, 생활 수준, 가정 상황 등을 참작하고 공동상속인들 사이의 형평을 고려하여 해당 생전 증여가 장차 상속인으로 될 사람에게 돌아갈 상속재산 중의 그의 몫의 일부를 미리 주는 것이라고 볼 수 있는지에 의하여 결정해야 한다(대법원 1998. 12. 8. 선고 97므513,520,97스12 판결). 구체적 상속분을 산정할 때에는 상속이 개시되는 시점을 기준으로 상속재산과 특별수익재산을 평가하여 이를 기초로 해야 한다(대법원 1997. 3. 21. 자 96스62 결정).

서 제외할 수 있다고 판시했다(대법원 2022. 3. 17. 선고 2021다230083, 230090 판결). 이로써 기여상속인(이 사례에서 장남)이 자신의 기여에 대한 대가로 피상속인인 아버지로부터 증여 받은 경우에는 해당 증여가 유류분 산정을 위한 기초재산에서 제외될 수 있는 길을 열어 놓았다.

하지만 대법원은 유류분반환청구 소송에서 기여분 공제의 항변을 여전히 인정하지 않고 있고(헌법재판소가 2024. 4. 25. 선고 2020헌가4 등 결정), 기여분 청구는 남아 있는 상속재산에 대해서만 주장이 가능한 점 등에 비추어 보면 위 대법원 판결만으로 유류분반환청구 소송에서 기여상속인의 정당한 이익이 침해되는 불합리한 문제를 해결했다고 보기는 어렵다. 이는 헌법재판소가 우리 민법이 유류분반환청구 사건에서 기여분을 준용하고 있지 않은 것이 합리적이거나 정당하다고 보기 어렵다고 2024. 4. 25. 선고한 2020헌가4 등 결정에서 판시한 바와 같다.

특별한 기여가 있어서 기여분이 인정될 수 있는 상속인에 대해 그 대가로서 생전 증여가 이루어졌다면 유류분 소송에서 이를 반영하는 것이 공동상속인들 사이의 형평에 오히려 부합한다. 고마운 자식에게 당연히 돌아가야 할 몫이라고 생각하여 생전에 증여한 것이 오히려 나중에 그 자식에게 불리하게 작용할 수 있다면 어느 부모도 증여를 쉽게 선택할 수 없을 것이다. 그래도 헌법재판소가 이같은 결정을 한 이상 특별한 기여나 부양을 한 상속인에게 증여한 것에 대해서는 이를 참작할 수 있도록 입법적인 해결책이 예정되어 있으니 이 점은 다행스럽다.[15]

---

15 독일은 상속재산을 유지·증가 시키거나 피상속인을 장기간 간호하는 등의 특별 기여를 한 상속인에 대하여 유류분을 정할 때도 이를 참작하도록 하는 규정을 두고 있다(독일 민법 제2316조 제1항 참조).

배우자의 간병과
기여분에 관한 단상

　상속 분쟁은 비단 형제들만 하지 않는다. 상속재산을 두고 부모와 자식들이 서로 다투기도 한다. 부모가 이혼하며 헤어진 자녀와 뒤늦게 상속재산을 정리해야 하는 경우에만 분쟁이 생기는 것도 아니다. 같은 집에서 함께 사는 부모와 자식도 상속 문제로 다툰다. 계부나 계모와 자식이 다투는 것은 이상하지도 않다. 각양각색의 상속 분쟁을 지켜보며 분쟁의 당사자들은 가족으로서 비교적 긴 시간 봐 온 사이인 만큼 좋은 것뿐만 아니라 분하고 억울한 점도 많아서 협의하지 못하고 다투는 게 아닐까 생각해 본 적이 있다. 특히 가족 간에 서로 억울하다고 생각하는 대표적인 하나가 간병에 대한 것이다.

부모가 아프다고 하면 자식 대부분이 처음에는 만사 제치고 달려간다. 부모를 모시고 병원에 가서 진료 절차를 밟고 같이 기다리고, 처방전을 받아 들고 약국에 가서 약을 사서 집에 모셔다 드린다. 아무리 짧아도 반나절은 걸리는 일이다. 한두 번은 몰라도 이런 일이 반복되고 지속되면, 더욱이 여러 자식 중 한 명이 간병을 도맡고 있다면 그가 아무리 효자라고 해도 얼마 못 가 지친다. 혹시 부모가 경제적으로 여유가 있어서 자식의 이런 노고를 물질적으로 보상해 준다면 괜찮을까? 그럼 어느 정도의 보상이면 그 자식이 만족할까? 어지간해서는 그 시간과 노력의 값을 제대로 받았다고 생각하기는 어렵지 않을까?

이런 상황을 가정해 볼 수 있다. 성인인 아들과 딸을 둔 남성이 오랜 시간 투병했고, 딸이 아버지를 간병하는 데 가장 많은 시간과 노력을 들였다. 남성은 그런 딸이 고마워 상속재산 중 가장 큰 부동산을 딸에게 남기겠다고 했다. 그러나 그 시간 동안 병원비와 수술비, 약값 등의 비용의 대부분은 아들이 부담했다면? 아들이 부담한 것은 수치로 확인이 될 테지만 딸의 노고는 얼마나 인정받을 수 있을까?

그렇다면 배우자의 경우는 어떨까? 혼인할 때 슬플 때나 아플 때나 힘들 때에도 부부로서 함께하겠다고 맹

세했으니 병든 배우자의 간호는 상대 배우자의 당연한 몫이라고 할 수 있을까? 이 부분에 대한 분쟁이 상속재산을 분할할 때 종종 불거진다. 이에 2019년 대법원에서 내린 배우자의 간병과 기여분에 관한 결정(대법원 2019. 11. 21.자 2014스44, 45 전원합의체 결정)을 살펴본다. 해당 사건의 내용은 아래와 같다.

    세상을 떠난 남성은 전 부인과의 사이에서 9명의 자녀를 두었다가 사별했고 지금의 부인과 재혼했다. 상속재산분할 심판을 신청한 청구인들은 전처와의 사이에서 난 자녀 9명이었고, 상대방은 후처 그리고 망인과 후처 사이에서 태어난 자녀 2명이었다. 망인은 청구인인 전처 소생 자식 9명 중 3명에게 생전에 재산을 증여했지만, 후처와 그 사이에서 난 자녀 2명에게 증여한 재산보다는 적었다.

    전처 소생의 자녀 9명이 제기한 상속재산분할 심판에서 상대방들, 후처와 그 자녀 둘은 망인과 상당 기간 동거하면서 투병 중이던 망인을 간호했으므로 민법에서 정한 기여분을 인정해달라고 반심판 청구를 했다. 망인은 2003년부터 2008년 3월 사망할 때까지 거의 매일 대학병원에서 통원 치료를 받았고, 2004년부터 2008년까지 모두 9회 입원 치료를 받았다.

상대방들의 반심판 청구에 대해 1심은, 망인의 후처가 망인 생전에 아픈 그를 간호했던 사실은 인정할 수 있지만 그녀의 건강 상태가 기여분을 인정할 만큼의 '통상의 부양'을 넘어서는 수준의 간병을 할 수 있는 정도가 아니었다고 판단했다. 또한 망인을 간병한 정도는 통상 부부로서 부양의무를 이행한 것으로 인정된다고 판단해 상대방들의 기여분 청구를 기각했다.

후처와 두 자녀는 항고했으나 항고심 역시, 법정상속분을 수정함으로써 공동상속인들 사이의 실질적인 공평을 기해야 할 정도로 후처와 그 자식들이 피상속인을 부양함에 있어 통상 처자식으로서 기대되는 정도를 넘을 만큼 특별히 부양했다고는 인정하기 어렵다는 취지로 판단해 이들의 항고를 기각했다. 그러자 상대방들은 다시 대법원에 재항고했다.

결국 이 사건의 쟁점은 후처가 상당한 기간 투병 중이던 피상속인과 동거하면서 그를 간호하는 방법으로 피상속인을 부양한 경우, 이러한 사정만으로 아내의 기여분을 인정해야 하는가, 하는 문제였다.

1990년 1월 13일 신설된 후 2005년 3월 31일 개정된 민법의 기여분 규정은 "공동상속인 중에 상당한 기간 동거·간호, 그 밖의 방법으로 피상속인을 특별히 부양하거나 피상속인의 재산 유지 또는 증가에 특별히 기여한 자가 있을 때에는 상속개시 당시의 피상속인 재산가액에서 공동상속인의 협의로 정한 그 자의 기여분을 공제한 것을 상속재산으로 보고 제1009조 및 제1010조[16]에 의해 산정한 상속분에 기여분을 가산한 액으로써 그자의 상속분으로 한다"라고 정하고 있다.

기여분 제도는 공동상속인 중에 피상속인을 특별히 부양했거나 피상속인 재산의 유지 또는 증가에 특별히 기여한 자가 있을 경우, 이러한 사정을 상속분 산정 시 고려함으로써 공동상속인 사이의 실질적 공평을 도모하기 위한 제도다. 종래 대법원은 이와 같은 취지에서 "기여분을 인정하기 위해서는 공동상속인 간의 공평을 위해 상속분을 조정해야 할 필요가 있을 만큼 피상속인을 특별히 부양했다거나 피상속인의 상속재산 유지 또는 증가에 특별히 기여했다는 사실이 인정돼야 한다"라고 판시해 왔다(대법원 2014. 11. 25. 자 2012스156,157 결정 등). 즉 법원이 판단

---

[16] 제1009조는 법정상속분에 관한 것이고 제1010조는 대습상속분에 관한 것이다.

할 때 상속인의 기여가 통상적인 수준 이상이어야 그 기여분을 인정할 수 있다는 말이다.

대법원은 앞의 사례에서 2005년 기여분 규정이 일부 개정됐지만 상속인이 단순히 동거하거나 간호했다는 사정, 특히 제1차 부양의무가 있는 배우자가 아픈 피상속인을 간호했다는 사정만으로는 기여분을 인정할 수 없고, 가정법원이 '특별한 부양'이라고 인정할 만한 사유가 있어야 기여분을 인정할 수 있다는 종전의 태도를 그대로 유지했다.

또한 특별한 부양이라고 하기 위해서는 동거, 간호의 시기와 방법 및 정도뿐 아니라 동거, 간호에 따른 부양 비용의 부담 주체, 상속재산의 규모와 배우자에 대한 특별수익액, 다른 공동상속인의 숫자와 배우자의 법정상속분 등 일체의 사정을 종합적으로 고려해 공동상속인들 사이의 실질적 공평을 도모하기 위해서 배우자의 상속분을 조정할 필요성이 인정되는지 여부를 가려서 기여분 인정 여부와 그 정도를 판단해야 한다고 결정했다.

이를 두고 법리를 떠나 상식적으로 생각해 본다. 예를 들어 1억 원의 재산이 있는 남자가 아내와 함께 살면서 노년기 5년 동안 거의 매일 자신과 함께 병원에 다니고 소화가 잘되는 음식으로 식사를 준비해 주는 등 자신을 돌보는 아내가 너무 고마워서 5000만 원을 생전에 증여했다고 치자. 남편이 사망한 후 아내는 상속재산 중 남은 5000만 원을 자녀들과 나눠야 한다. 상속인들 사이에서 협의가 이뤄진다면 아무런 문제가 없지만 상속인들 중 누군가가 법원에 상속재산분할 심판을 청구하게 되면, 고인 생전에 아내가 받은 5000만 원까지 포함한 1억 원을 상속재산으로 간주하여 상속인들이 상속분에 따라 나누는 것이 원칙이다.

그런데 법원이 아내가 생전에 증여받은 5000만 원을 피상속인의 반려인으로서 그와 함께 가정공동체를 형성하고 재산을 유지해온 기여로 인정하고 아내의 특별수익에서 제외한다면 이 결정에 반대하기 어렵다. 그렇지 않으면 아내는 이미 5000만 원을 상속재산에서 받았기 때문에 남은 상속재산에서는 전혀 상속받을 수 없다. 심지어 만약 자녀의 수가 많고 그 자녀들이 유류분반환 청구를 하면 반환해야 할 수도 있다.

내가 이야기하고 싶은 바는, 기여분을 보통의 정도를 넘은 특별한 부양이어야 한다고 엄격하게 보면서 기여분 청구인이 받은 생전 증여나 유증을 특별수익에 포함하는 것은 오히려 공평하지 않다는 것이다. 피상속인이 재산 형성이나 부양에 기여한 바 없는데 단지 특별히 애정하는 마음으로 특정상속인에게 증여한 것과 열심히 간호하고 말벗이 돼준 상속인에게 일부를 더 준 것을 과연 같은 평면에 두고 평가하는 것이 맞는지 의문이다.

문제가 된 앞의 사례에서는 현재 부인과 그 자녀들이 망인으로부터 상당한 재산을 증여 받았고, 병원비 등 치료비는 망인의 재산에서 지출된 것으로 인정되었다. 만약 기여분 청구를 한 현재 부인과 두 자녀가 온전히 자신들의 재산으로 망인의 병원비 등을 지출했다면 판단이 달라질 수도 있었을 것이다.

하지만 병원비를 부담한 상속인은 피상속인의 간호에 참여하지 않았어도 기여분을 인정받고, 병원비를 부담하지는 않았지만 시간과 노동을 투여한 상속인은 기여분을 인정받지 못한다면 그것은 과연 공평한 걸까?

기대여명이 늘어남에 따라 배우자가 노년기에 투병하는 피상속인과 동거하면서 간호하는 경우, 동거와 간호의 무형적인 기여에 대해 민법상 기여분으로 인정하는 것을 적극 고려할 필요가 있다. 노년의 돌봄을 가족이 아니라 국가나 사회가 맡아주기를 기대하는 요구가 증가하고 있지만 여전히 가족이 많은 부분을 부담하고 있는 것이 현실이다. 이런 현실에서 실질적으로 돌봄을 행하고 있는 상속인에게 그 기여를 인정해 주는 것은 타당하고 필요한 일이다. 그럼에도 불구하고 대법원은 이 같은 경우에도 공동상속인들 사이의 실질적 공평을 도모하기 위해 배우자의 상속분을 조정할 필요가 있다는 사실이 인정되어야만 배우자의 기여분을 인정할 수 있다고 판시한 셈이다.

한편 배우자의 상속분을 강화하기 위해 상속법을 개정하자는 목소리가 높다. 하지만 아직 우리 민법은 자녀들의 상속분과 배우자의 상속분을 연동하고 있다. 배우자가 자녀들보다 50% 더 많이 상속받는다고 하지만 가령 자녀들이 11명인 경우 배우자의 상속분은 12%에 불과하다(자녀들은 1인당 8%. 122쪽 참조). 위 사례에서도 기여분 청구는 기각됐고, 현재 부인과 그 자식들이 망인 생전에 받은 재산이 모두 특별수익으로 인정되었다. 결국 상속재산과 이미 생전에 증여된 재산을 합한 것이 기초 재산이 되고, 현재 배우자는 그 합한 값의 12%를 상속받게 되었다.

2005년 민법 개정의 취지가 명확하지 않지만 고령화 사회에서 홀로 남는 배우자의 상속분을 실질적으로 보장해야 한다는 측면으로 적극적으로 해석할 필요가 있다면, 배우자의 기여분을 적극적으로 인정해야 한다고 생각한다. 그렇다면 상당한 기간 동거하면서 간호하는 행위는 배우자로서 감당하는 1차 부양의무라는 것과 별개로 다른 공동상속인들과의 관계에서는 특별한 부양에 해당해 민법상 기여분이 인정되어야 하지 않을까? 배우자의 기여분을 적극적으로 인정하는 것은 부부가 함께 형성한 부부 공동재산의 청산과 상속분의 배분적 측면에서 배우자와 자녀의 공평을 실현할 수 있고, 노인 돌봄 문제를 안고 있는 우리 사회 현실에 비추어 타당한 해석이지 않을까. 위 대법원 결정에 대한 아쉬움을 이렇게나마 끄적여 본다.

배우자의 상속분과 장기거주권에 관하여

사례 1.

국가유공자였던 아버지가 장기임대주택에서 어머니와 같이 살다가 사망했다. 그 집은 10년의 임대 기간이 지난 뒤 일정한 금액을 지급하면 분양 받을 수 있는 주택이었고, 입지가 좋아서 분양을 받으면 거액의 웃돈이 붙는 것이 자명했다. 자녀들은 어머니가 계속 거주하다가 분양을 받아 그 집에서 사는 것은 상관없지만 분양 받은 후 혹시 특정 자식에게 증여할까 봐 불안했다. 그 이유 때문에 임차권을 모든 상속인들이 공동으로 상속받아야 한다고 주장했다.

사례 2.

아버지는 재혼해서 새어머니와 10년을 살았다. 아버지가 사망한 후 전처 소생인 자녀 3명과 새어머니는 3년 동안 상속 분쟁을 했는데, 결국 법정상속분에 따라 모든 상속재산을 분할하기로 협의했다. 새어머니는 아버지 사후에도 계속 아버지 명의의 집에서 거주하고 있었는데, 법정상속분 비율대로 상속인들이 공동 소유하는 것으로 등기를 마치자 자녀들은 새어머니를 상대로 아버지 사망 시부터 그 집에서 이사할 때까지 자녀들에게 각 소유지분에 따른 임대료를 달라고 했다.

내가 접했던 사례의 일부를 각색한 이야기로, 집 문제, 좀 더 명확히는 '배우자의 주거권'에 대해 생각해 보고자 한다. 피상속인의 재산 중에서도 특히 주택은 보통 피상속인과 그 배우자가 공동으로 형성한 재산이지만 현재 상속법은 배우자가 피상속인 사망 후 살던 집에서 계속 살 수 있는 권리를 보장해 주지 않는다. 그러나 대부분 집이란 부부가 공동으로 이룩하고 동거하면서 함께 유지 관리하던 주거 공간이고, 그렇게 살아온 집에서 일방 배우자가 사망했다고 해서 다른 배우자가 더 이상 거주할 수 없다는 것은 쉽게 수긍하기 어렵다. 특히 급속하게 고령화가 진행되고 있는 우리 사회에서는 곰곰이 생각해 봐야 할 문제다.

물론 현행법상으로도 일방 배우자가 사망 전에 생존 배우자를 위해 주택을 증여하거나 유증하는 것으로 배우자의 거주권을 확보할 방법이 없는 것은 아니다. 그러나 배우자가 피상속인으로부터 생전 증여 또는 유증으로 주택을 받은 경우 다른 공동상속인들이 유류분반환청구를 하면 그 부동산의 일부 지분을 유류분으로 반환해야 하고, 이는 종국적으로 사례 2와 같은 문제가 발생할 수 있다.

실제로 몇 년 전 자녀들이 어머니를 상대로 유류분을 구하는 소송이 있었는데, 이야기해 보자면 이렇다.

부부는 40년 넘는 기간 혼인 생활을 유지했고 두 사람 사이에는 딸과 아들이 있었다. 남편은 사망하기 7년 전에 아내에게 집을 증여했는데, 아버지가 사망하자 자녀들은 어머니를 상대로 유류분을 구하는 소송을 했다. 이 사안에서 대법원은 다음과 같이 판시했다.

"생전 증여를 받은 상속인이 배우자로서 일생 동안 피상속인의 반려가 돼 그와 함께 가정공동체를 형성하고 이를 토대로 서로 헌신하며 가족의 경제적 기반인 재산을 획득·유지하고 자녀들에게 양육과 지원을 계속해 온 경우, 생전 증여에는 위와 같은 배우자의 기여나 노력에 대한 보상 내지 평가, 실질적 공동재산의 청산, 배우자 여생에 대한 부양의무 이행 등의 의미도 함께 담겨 있다고 봄이 타당하므로 그러한 한도 내에서는 생전 증여를 특별수익에서 제외하더라도 자녀인 공동상속인들과의 관계에서 공평을 해친다고 말할 수 없다."

이는 피상속인을 특별히 부양하거나 피상속인의 재산 유지 또는 증가에 특별히 기여하지 않았다고 하더라도 즉, 배우자로서 기대되는 정도의 의무를 다한 경우에는 생전에 받은 증여가 특별수익에 해당하지 않는다고 판시해 민법이 정한 기여분보다 생존 배우자의 상속인으로서의 지위를 훨씬 더 두텁게 보호한 것이다. 하지만 이 같은 판시가 있었다고 해서 배우자가 피상속인으로부터 증여 받은 집에서 안심하고 거주할 수 있다고 생각하기는 어렵다. 결국 현행 제도와 별개로 생존 배우자가 계속해 거주할 수 있는 권리를 확보할 수 있도록 새로운 방법을 모색할 필요가 있다.

가령 일본은 2018년 7월 6일 상속법을 개정했는데, 이 법에 의해 상속에서 혼인 외의 자녀와 혼인 중 자녀의 차별을 없앴다. 그런데 이렇게 상속분이 개정됨으로써 혼인 외의 자녀가 생존 배우자를 종전 주거지에서 축출할 수도 있다는 문제가 제기됐고, 이에 배우자의 주거권을 보장해야 한다는 공감대가 형성됐다. 그 결과로 우선 상속재산을 분할할 때까지는 생존 배우자가 동일한 거주지에서 거주할 수 있는 단기거주권을 보장하는 방법과 상속재산을 분할하고 난 후에도 장기적인 거주권을 보호할 방안이 마련됐다.

2014년 배우자의 상속분을 강화하는 내용의 상속법 개정 시안이 공개됐을 때 나 역시 고령화 사회로의 변화에 따른 배우자 상속 제도가 개선돼야 한다는 생각을 갖고 있었고, 외국은 이런 문제를 어떻게 해결하고 있는지 궁금해서 찾아본 적이 있다. 그때 유럽은 배우자의 거주권을 상당히 중요하게 보호한다는 것을 알았다.

일례로 프랑스는 부부 중 한쪽이 사망해 피상속인의 자식(사망 배우자와 생존 배우자 사이의 자녀인 경우)과 공동 상속을 하는 경우, 생존 배우자는 피상속인의 현존 재산 전체의 용익권(타인의 소유물을 그 본체를 변경하지 않고 일정 기간 사용 수익하는 물권) 또는 4분의 1의 소유권을 취득할 수 있고, 피상속인의 부모와 공동상속을 하는 경우에는 상속재산의 2분의 1의 소유권을 취득하며, 피상속인에게 자식 또는 그의 직계비속도 없고 부모도 없는 경우에는 상속재산 전부를 취득한다.

이탈리아는 생존 배우자가 자녀와 공동상속을 하는 경우 자녀가 1인일 때는 유산의 2분의 1을, 기타의 경우일 때는 3분의 1을 취득하며, 직계존속 및 형제 자매와 공동상속을 하는 때에는 유산의 3분의 2를 취득한다. 또 생존 배우자는 피상속인의 고유재산 또는 부부의 공유재산인 가족 주택에서 거주할 수 있으며 가재도구를 사용할 수 있다. 벨기에에서는 생존 배우자가 피상속인의 총 유산에 대한 용익권을 가진다.

우리나라에서도 많은 사람이 배우자가 사망하더라도 생존 배우자는 살던 집에서 계속 거주하되 종국적으로는 자식에게 그 집을 물려주고 싶어 한다. 그런 경우 상속인이 된 배우자에게 장기거주권이 있다면 이들의 의사를 확실하게 실현할 수 있을 것이다. 그런 점에서 배우자의 장기거주권은 매우 유용한 제도로 한 번쯤 깊이 고민해 볼 필요가 있다.

사망한 남편의 정자로 태어난 아이의 상속은?

"2020년 방송인 사유리 씨가 정자은행을 통해 정자를 기증받아 아이를 출산한 사실이 알려지면서 젊은 여성들 사이에서는 남성 파트너가 없는 상태에서의 비혼 출산에 대한 관심도 커졌다. 당시 서울시여성가족재단이 발행한 '서울시민의 비혼 출산에 대한 인식 현황 및 정책 과제'(2021.09) 보고서에는 만 19~69세 성인 2000명을 대상으로 한 인식조사 결과가 실렸다. 응답자의 57%가 '결혼하지 않고도 자녀를 가질 수 있다'는 데 긍정했다. 비혼 여성의 26.2%가 '결혼을 하지 않고 아이를 낳을 것을 생각해본 적 있다'고 응답했다."

— 김향미 기자, 〈여성들은 왜 '비혼 출산'을 고려하나〉, 《주간 경향》

위 기사에는 2024년 기준, 20대 청년 10명 중 4명(42.8%)이 '결혼하지 않고도 자녀를 가질 수 있다'고 생각한다는 통계청 조사 결과도 언급되어 있다. 10년 전 비혼 출산에 대한 긍정 응답률 30.3%에 비해 12.5% 증가한 것으로, 비혼 출산에 관한 인식이 변했다는 언론 보도가 이어졌다고 했다. 기자는 이 기사를 통해 비혼 출산에 대한 인식의 변화 흐름과 함께 한국 사회 내 가족 형태에 대한 편견, 법과 제도가 미비한 상황에 대해서 지적했다.

생명윤리 및 안전에 관한 법률 제24조(배아의 생성 등에 관한 동의) 제1항은 "배아 생성 의료기관은 배아를 생성하기 위하여 난자 또는 정자를 채취할 때에는 다음 각 호의 사항에 대하여 난자 기증자, 정자 기증자, 체외수정 시술 대상자, 해당 기증자·시술 대상자의 배우자가 있는 경우에는 그 배우자(이하 동의권자라 한다)의 서면 동의를 받아야 한다"고 규정하고 있다. 그러나 아이가 태어나려면 엄마와 아빠가 꼭 존재해야 한다고 굳게 믿는 기성세대는 보조생식술에 의한 자녀 출산은 부부 사이에서만 허용해야 한다고 생각한다. 그런데 나는 이런 생각의 옳고 그름이 아니라 이와 같은 방식으로 태어난 아이의 법적 지위에 관심이 있다. 이 아이의 존재를 법적으로 어떻게 볼 것인가 하는 것은 아이가 자신이 속한 가정과 사회에서 어떤 권리와 의무를 가지게 되는지와도 밀접한 연관이 있기 때문이다. 상속의 영역에서는 특히 그렇다.

이와 관련해 대법원은 아래와 같은 판시를 한 적이 있다.

> "생모와 자녀 사이의 친자관계는 자연의 혈연으로 정해지므로, 생모의 인지(혼인 외에 출생한 자녀에 대하여 친어머니가 자기 자식임을 확인하는 일)나 출생신고를 기다리지 않고 자녀의 출생으로 당연히 법률상의 친자관계가 생기고, 반드시 호적부의 기재나 법원의 친생자관계존재확인 판결로써만 이를 인정해야 한다고 단정할 수는 없다. (대법원 2018. 6. 19. 선고 2018다1049 판결)"

즉 사유리 씨가 출산한 아이는 누가 뭐라고 하든지 생모인 사유리 씨의 자녀이며, 그가 사망하면 아이는 1순위 상속인이 된다.

그렇다면 이런 경우는 어떨까? 만약 결혼한 부부가 후일 아이를 갖기 위해 남편의 정자를 보관하고 있었는데 남편이 사망했고, 이때 아내가 보관해 두었던 남편의 정자를 이용해 아이를 낳았다고 치자. 이 경우 죽은 남편은 아이의 아빠로 인정될 수 있을까? 물론 대한민국 민법에서는 남편 사후에 태어난 남편의 아이, 이른바 유복자도 남편의 자녀로 인정하고 있지만 이것은 남편이 생존했을 때 포태된 아이에 한한 이야기이다.

민법 제정 당시에는 정자를 보관하는 기술이 없었으므로 남편 사후에 아이가 포태될 수 있는 가능성을 전혀 예상하지 못했다. 그런데 과학 기술의 발달로 이런 가능성을 알게 된 뒤에도 생명윤리 및 안전에 관한 법률 제23조는 사망한 사람의 난자 또는 정자로 수정하는 행위를 금지한다. 그러나 실제로 몇 해 전 다음과 같은 사례가 우리나라에 있었다.

여성 A는 남성 B와 혼인해 시험관 시술을 통해 C를 출산했다. 이후 남편은 암 투병을 하게 됐는데 둘째 아이를 갖기 원했고, 이에 부부는 남편의 정액을 채취해 냉동 보관하면서 시험관 시술을 준비했으나 그 사이 남편이 사망했다. 그 이후 A는 냉동 보관되어 있던 남편의 정자를 이용해 D를 출산했다. A는 아이의 아빠를 남편 B로 기재해 출생신고를 했지만 관할 구청은 B가 사망한 후 300일이 지나 아이가 태어났으므로 출생신고를 수리하지 않았고, 이에 A가 검사를 상대로 아이가 사망한 B의 친생자임을 주장하는 인지청구의 소를 제기했다.

유전자 검사 결과 당연히 둘째 아이 D가 남편의 부계라는 점이 입증됐고, 아이의 엄마가 A라는 점은 당연하다. 그런데 아이의 아빠가 B라고 인정하는 데 아무 문제가 없을까? D의 친부가 B라고 인정되면 어떤 문제가 발생할까?

이 사례에서 사망한 B의 상속인은 기본적으로 아내 A와 첫째 아이 C이다. 둘째 아이 D가 B의 친자녀로 인정되면 상속인은 아내 A와 아이 C, D가 된다. 그런데 만약 A와 남편의 사이에 첫째 아이 C가 없었고 남편이 사망한 후에 D를 출산했다면 이 아이가 유일한 자녀가 되며, 상속 문제는 미묘해진다. 이 경우 남편 B 생전에 자녀가 없었으므로 B 사망 후 아내는 B의 부모와 공동으로 상속인이 되는데, B 사후에 출산한 D가 B의 자녀로 인지되면, B의 상속인은 아내 A와 자녀 D가 된다.

우리 법원은 이처럼 상속인이 직계존속[17]과 배우자의 공동상속에서 직계비속과 배우자의 공동상속으로 바뀌는 것도 아니고, 이 사안의 이해 관계자들인 B의 부모 역시 아들이 둘째 자녀를 염원했던 점, A가 남편 B의 정자를 이용해 출산한 점 등을 인정해 아이 D가 B의 자녀임을 인지하는 판결을 했다. 이 사안에서 가장 구체적인 정의가 무엇인지 확인해 준 것이다.

하지만 배우자 사후에 언제까지 냉동 정자를 이용해 자녀를 포태할 것을 용인할 수는 없을 것이다. 물론 우리 법은 사망한 사람의 정자를 이용하는 것을 금지하고 있으므로 의료기관이 남편이 사망했다는 사실을 알면서 보조생식 시술을 할 리 없겠지만, 시험관 시술을 하는 과정에서 남편이 사망했고, 다음 시험관 시술이 예정돼 있었는데 남편의 사망 사실을 의료기관에 알리지 않아 그 사실을 몰랐던 의료기관으로부터 시술을 받는 일은 충분히 있을 수 있다.

---

17 직계존속은 본인 기준 위쪽의 혈연관계로 부모, 조부모, 증조부모, 외조부모 등을 말한다. 반대로 직계비속은 본인을 기준으로 아래쪽에 위치하는 혈족을 말한다. 아들, 딸, 손자, 손녀 등이 직계비속 범위에 속하며, 혈연관계는 아니지만 법률상 정해진 입양 절차에 따른 자녀가 있는 경우에는 직계비속에 포함된다.

사실 이런 사례는 우리나라뿐만 아니라 세계 각국에서 이미 문제가 됐고, 가까운 일본에서는 우리나라와 반대의 결론을 내렸다. 일본 최고재판소는 "현행 민법이 사후포태자와 사망한 부 사이의 친자관계를 상정하지 않은 것이 명백한 점, 부는 포태 전에 사망했기 때문에 부가 사후포태자의 친권자가 될 여지가 없고, 사후포태자도 부로부터 감호, 양육, 부양을 받을 수 없으며, 사후포태자는 부의 상속인이 될 수도 없다. 법적 친자관계에 관한 문제는 근본적으로 사망한 자의 보존 정자를 이용하는 인공 생식에 관한 생명윤리, 태어난 자녀의 복지, 친자관계나 친족관계를 형성하게 되는 관계자의 의식, 이에 관한 사회 일반의 통념 등 다각적인 관점에서 검토가 필요하므로 입법에 의해 해결돼야 할 문제다"라고 판시했다.

그러나 태어난 아이의 입장에서는 비록 아버지가 이미 사망하여 아버지로부터 양육과 부양을 받을 수 없더라도 아버지를 아버지로 인지할 수 있다는 가능성이 있는 것과 없는 것은 큰 차이가 있다고 생각한다. 뿐만 아니라 자녀의 복리를 고려한다면 둘 사이에 친자관계가 인정되는 것이 자녀의 복리에 도움이 될 수도 있다. 다만 이 문제는 입법에 의해 근본적으로 해결되어야 한다. 2019년 대법원이 아내가 혼인 중 남편이 아닌 제3자의 정자를 제공받아 인공수정으로 임신한 자녀를 출산한 경우, 출생한 자녀가 남편의 자녀로 추정되는지 여부에 관해 전원합의체를 열어 판결한 것도 법률이 제대로 갖춰지지 않았기 때문이다.

여전히 법은 과학의 발전을 쫓아가지 못하고 있다. 이제라도 배우자 사후 냉동 정자와 난자를 이용한 사후포태를 인정할 것인지, 인정한다면 배우자 사후 어느 정도의 기간(예를 들어 1년)만을 인정하고 그 외에는 인정하지 않을 것인지,[18] 그 경우에 자녀의 법적 지위는 어떠한지에 대해 사회적으로 합의를 모아야 한다.

---

18 만약 자식 없이 사망한 남자(A)의 아버지(B)가 A의 사후에 A의 처(W)와 합의하여 B의 정자를 이용하여 인공수정으로 자녀(D)를 출산하고 A의 자녀로 인지허가를 구한다면 유전자검사상 A와 D는 부자관계로 인정되기 쉬울 것이다. 굉장히 엽기적인 상상이지만 현실은 항상 드라마보다 드라마틱하다. 사후에 포태되는 경우를 인정한다면 법으로 엄격한 요건을 정해야 할 필요가 있다.

채무만 상속받은
미성년자 보호에 관하여

할머니 한 분이 다음과 같은 고민을 토로한 적이 있다.

"어린 나이에 결혼한 딸이 이혼하면서 갓난쟁이 손녀를 나한테 맡기고 떠났어요. 그 이후 소식이 끊겼고요. 그런데 몇 년 후에 모르는 번호로 전화가 걸려 온 거예요. 받아 보니 애 친아빠가 죽었는데 그 사람에게 빚이 크게 남아 있다고, 그 빚을 우리 손녀가 받아야 한다는 거예요. 그러니까 얼굴 한 번 본 적 없고 양육비 한 번 보내주지 않은 애 아빠 빚이 손녀에게 넘어오게 생긴 겁니다. 여기 저기 물어보니 손녀가 그 빚을 받지 않으려면 상속포기라는 걸 해야 하는데, 그건 애 엄마가 할 수 있대요. 그런데 애 엄마가 소식이 끊긴 지 몇 년이에요."

자고로 법은 만인에게 평등하게, 그리고 약자에게는 좀 더 세심하게 적용돼야 한다. 하지만 현실에서는 간혹 그렇지 못한 경우들이 발생해 사회 문제로 제기되기도 한다. 미성년자인 상속인이 부모로부터 채무만을 상속받았을 때 법은 어떻게 이들을 보호하고 있을까?

우리 민법은 피상속인이 사망하면 상속인들이 당연하게 적극재산(상속인에게 이익이 되는 물권, 채권, 물건 등의 상속재산)과 소극재산(채무)을 상속하는 것으로 예정하고 있다. 뒤쪽의 〈상속포기와 한정승인〉 이야기에서 좀 더 자세히 설명하겠지만, 상속인은 상속이 개시되었음을 안 날로부터 3개월 이내에 상속포기를 하거나 한정승인의 신고를 할 수 있다. 위 사례에서 손녀는 미성년자라서 단독으로 가정법원에 상속포기의 신고를 신청할 수 없고 법정대리인인 엄마가 신청해야 한다. 외할머니는 아이의 법정대리인이 아니기 때문에 원칙적으로 손녀를 대리할 수 없다. 다만 법원이 외할머니를 후견인으로 선임해 주면 할 수 있는데, 이 경우 손녀의 엄마인 딸의 친권이 상실될 수 있다.

정리해 보면 외할머니가 손녀를 대리해 상속포기를 신청하려면, 친권상실을 구하는 청구를 먼저 해야 하고 그다음 후견인으로 선임되어야 한다. 물론 재판이 계속되면 임시후견인으로 지정되어 상속포기의 업무를 처리할 수도 있다.

그런데 피상속인에게 채무가 있다는 사실, 그것도 상속인이 감당하기 힘든 채무가 있다는 사실을 전혀 모르고 있다가 나중에 채무 독촉을 받게 되면서 비로소 피상속인의 채무를 알게 되는 경우도 있다. 앞서 말한 상속포기나 한정승인 신고의 기한, '상속이 개시되었음을 안 날로부터 3개월 이내'가 지난 후에 이런 날벼락 같은 소식을 알게 되면 상속인으로서는 억울할 수밖에 없다. 다행히 헌법재판소는 일찍이 이런 상황을 위헌이라고 판시했고(헌법재판소 1998. 8. 27. 결정 96헌가22 등 사건), 2002년에 신설된 민법 제1019조 제3항은 상속인이 상속채무가 상속재산을 초과하는 사실을 중대한 과실 없이 상속포기 혹은 한정승인을 신고할 수 있는 기간 내에 알지 못하고 단순승인을 한 경우에는 그 사실을 안 날로부터 석 달 내에 한정승인을 신청할 수 있다고 정했다. 이것이 이른바 '특별한정승인' 제도이다.

한편 미성년자인 상속인이 피상속인에게 채무가 있는지 모르는 상황에서 미성년자의 법정대리인이 이런 것을 도외시하고 지나치면, 미성년자는 고스란히 채무를 상속받아야 한다. 2020년 대법원은 미성년자가 성년이 되어 비로소 상속채무가 있다는 것을 알고 특별한정승인을 받은 사안에서, 사실은 법정대리인이 상속채무가 상속재산을 초과하는 사실을 알고 있었다면 미성년자가 성년이 되어 특별한정승인을 할 수 없다고 판시한 바 있다(대법원 2020. 11. 19. 선고 2019다232918 판결). 그 사안은 다음과 같다.

피상속인은 1200여만 원의 약속어음금 채무가 있었고 1993년 2월 18일 사망했다. 상속인은 그 배우자와 어린 자녀 2명이었다. 채권자는 공동상속인 3명(망인의 아내와 그 자녀 2명)을 상대로 약속어음금 청구의 소를 제기해 승소 판결을 받았고, 2003년 11월경 시효 연장을 위해 공동상속인들을 상대로 다시 소를 제기했으며 이행권고결정을 받아 확정됐다.

당시 미성년 자녀들의 법정대리인이자 피상속인의 배우자는 자녀들을 대리해 소송을 진행했다. 그러나 피상속인 사망 당시 6세였던 자녀(원고)는 이런 사실을 알지 못한 채 성장해 성년이 된 후 은행에 예금을 했고, 약속어음금 채권자(피고)가 이 예금에 압류, 추심을 하면서 비로소 상속채무의 존재를 알게 되어 가정법원에 특별한정승인의 신고를 하여 수리됐다. 또한 원고는 피고인 채권자를 상대로 청구이의의 소를 제기했는데 이 사안에 대해 대법원은 다음과 같이 판시했다.

"상속인이 미성년인 경우 '상속채무 초과 사실을 중대한 과실 없이 제1019조 제1항의 기간 내에 알지 못하였는지'와 '상속채무 초과 사실을 안 날이 언제인지'를 판단할 때에는 법정대리인의 인식을 기준으로 삼아야 한다. 따라서 이 사건에서 상속인은 특별한정승인을 할 수 없다. 또한 법정대리인이 위와 같이 상속채무 초과 사실을 안 날을 기준으로 특별한정승인에 관한 3개월의 제척 기간[19]이 지나게 되면, 그 상속인에 대해서는 기존 단순승인의 법률 관계가 그대로 확정되는 효과가 발생한다.

이러한 효과가 발생한 이후 상속인이 성년에 이르더라도 상속개시 있음과 상속채무 초과 사실에 관해 상

---

19 어떤 종류의 권리에 대해 법률상으로 정해진 존속 기간.

속인 본인 스스로의 인식을 기준으로 특별한정승인
규정이 적용되고 제척 기간이 별도로 기산돼야 함을
내세워 새롭게 특별한정승인을 할 수는 없다."

간략히 말하면, 망인의 배우자이자 아이들의 모친이
아이들의 법정대리인인데, 그녀가 상속채무 초과 사실을
알고서도 3개월 내에 상속포기나 한정승인을 하지 않아서
단순승인이 되어 아이들에게 채무가 상속되었으며, 이 경
우에는 상속인이 성년이 되어 알게 되었더라도 특별한정승
인을 할 수 없다는 이야기이다.

이에 다음과 같은 상황에 놓인 청년을 상상해 본다.
어려운 가정환경에서 자랐고 돌아가신 아버지에게 채무가
있었으나 어머니가 한정승인이나 상속포기를 고려하지 않
았다. 그로 인해 상속채무가 현실화되어 채무를 변제하라
는 재판이 시작되었고 특별한정승인조차 하지 않은 탓에,
어른이 된 청년이 제 앞가림을 하려고 열심히 애쓰는 때에
갑자기 아버지의 채권자가 나타나 상속채무를 갚아야 하게
되었다면? 만약 그런 젊은이가 있다면 누구든 도와주고 싶
은 마음이 생기지 않을까?

다시 이런 상황(헌법재판소 96헌가22사건)에 대해 헌

법재판소에 위헌을 주장한 일선 법원의 의견을 본다.

"적극재산의 상속은 상속인을 위한 것이고, 소극재산의 상속은 상속채권자의 이익을 보호하기 위한 것이다. 민법의 조항은 상속의 효력 발생 여부를 둘러싼 법적인 불안정 상태를 가급적 빨리 해소하고 이해관계인, 특히 상속채권자의 이익을 보호하기 위한 것으로 보인다.

피상속인의 소극재산이 적극재산보다 많은 경우에 상속인의 의사는 단순승인이 아니라 한정승인 내지 포기로 해석해야 하고, 상속채권자는 피상속인을 신뢰해 그의 일반재산을 담보로 보고서 그와 거래한 것이지, 그의 사망 후 상속인이 채무를 승계할 것을 기대하고서 거래한 것은 아닐 것이다.

따라서 상속채권자의 보호는 피상속인이 남긴 재산의 범위 안에서 채권회수를 보장하는 것으로 충분하고, 나아가 상속인의 고유재산으로 상속채권자에 대한 피상속인의 채무를 갚도록 하는 것은 부당한 희생의 대가로 명분 없는 이익을 보장하는 것이다. 이러한 민법의 규정은 채무자 본인의 의사나 그의 귀책사유

없이 그에게 채무를 부담시킬 수 없다는 근대사법의 원칙에 비추어 보면 불합리하고 부당하다."

채권자는 피상속인의 재산을 보고 피상속인과 거래한 것이고 피상속인이 사망하는 경우 상속인이 채무를 떠안을 걸 생각하고 거래한 것은 아닐 것이다. 그렇다면 상속 채권자에 대한 보호는 피상속인이 남긴 재산 범위 안에서 보장해야 하지 상속인이 피상속인의 채무를 갚도록 하는 것은 부당하다. 이런 점에서 피상속인의 사망 시 상속인은 원칙적으로 채무를 포함한 피상속인의 모든 재산을 상속받는다고 할 것이 아니라 한정승인을 원칙으로 하는 것이 나을지도 모르겠다.

위 대법원 판결 이후 다행스럽게도 국회는 이런 불합리한 점을 개선하기 위해 2022. 12. 13. 민법 제1019조 제4항을 다음과 같은 내용으로 신설했다.

"미성년자인 상속인이 상속채무가 상속재산을 초과하는 상속을 성년이 되기 전에 단순승인한 경우에는 성년이 된 후 그 상속의 상속채무 초과 사실을 안 날부터 3개월 내에 한정승인을 할 수 있다. 미성년자인 상속인이 제3항에 따른 한정승인을 하지 아니하였거나 할 수 없었던 경우에도 또한 같다."

위 법률 조항의 신설로 빚만 상속받은 미성년자의 보호가 한결 더 보완되었다고 할 수 있다. 하지만 부모의 무지로 미성년 자녀가 피해를 입는 경우는 여전히 남아 있다. 실제로 내가 만난 한 엄마의 말이다.

"아이 아빠가 갑자기 세상을 뜨고 정신이 없었어요. 매일 독촉장이 날아오니 남들이 상속포기를 하라고 하더군요. 가정법원에 상속포기 신청서만 제출하면 다 된 줄 알았어요. 대부업체가 아이 아빠에게 돈을 갚으라고 소송을 했고, 아이 아빠가 사망한 것을 안 뒤에 저와 아이가 피고가 되었다고 알고 있었지만 상속포기를 했으니 문제 없다고 생각했지요. 상속포기를 했다는 서류를 법원에 제출해야 된다는 것을 몰랐어요. 그렇게 20여년이 지나 다 잊어버렸는데 그 대부업체가 아이 월급 통장을 압류한 거예요. 무식한 엄마를 둔 죄로 아이가 피해를 입게 되니 죽고만 싶어요. 제가 잘못한 것이니 저를 어떻게 하는 것은 참을 수 있지만 아이는 잘못한 것이 없어요."

이런 사안을 만나면 상속인이 미성년자인 경우에는 현재와 같이 단순승인을 원칙으로 하는 상속법제를 고쳐서 한정승인을 원칙으로 하고, 상속의 효력 발생을 빨리 하려는 당사자가 법원의 허가를 받아 단순승인을 선언할 수 있도록 법제를 개정하는 것이 의도하지 않은 피해자를 막는 길인지도 모르겠다. 다시 한번 상속채권자는 피상속인을 신뢰해 그의 일반재산을 담보로 그와 거래한 것이지, 그의 사망 후 상속인이 채무를 승계할 것을 기대하고서 거래한 것은 아니라는 말을 되짚어 본다. 그 말에 전적으로 동의한다.

특히 어떤 부모를 만났는지 상관없이 빚만 상속받는 미성년자를 보호할 필요가 있다. 그래서일까? 프랑스 민법은 미성년자인 상속인의 법정대리인은 한정승인만 가능하고 상속재산이 채무를 초과하는 것이 명백한 경우에만 법원의 허가를 받아 단순승인이 가능하도록 돼 있다. 독일 민법은 미성년자의 상속채무에 대한 책임을 그 미성년자가 성인이 되는 시점에 가진 재산에 한정하도록 합리적으로 정하고 있다.

상속인인 미성년자를 보호하기 위해 제1019조 제4항이 신설된 것은 무척 다행스러운 일이지만 여전히 채무만 상속받은 미성년자를 특별히 배려해야 할 필요성은 남아 있다.

상속포기와 한정승인

"아버지가 한 달 전에 돌아가셨고 남은 가족은 어머니와 저, 제 여동생입니다. 아버지는 몇 년 전까지 작은 식당을 운영하셨는데 결국 문을 닫았습니다. 가게를 정리하는 과정에서 아버지의 빚 때문에 문제가 많았습니다. 매일 채권자들이 집에 찾아왔어요. 소리 지르고 싸우기도 하고 이사도 여러 번 했습니다. 그 후 아버지는 신용불량자가 돼서 저와 제 동생이 드리는 적은 금액으로 어머니와 같이 사시다가 돌아가셨죠.

저희는 상속받을 재산은 당연히 없고, 부채는 다행히 거의 정리된 것으로 알고 있었습니다. 그런데 아버지

께서 돌아가셨다고 하니 저희 사정을 아는 분들이 저희를 걱정하면서 돌아가신 날로부터 3개월 안에 상속을 포기하거나 한정승인을 하라고 하시더군요. 혹시 우리가 모르는 아버지의 채무가 있을지도 모른다면서요.

그런데 어머니와 저, 제 동생 모두 상속을 포기하면 이후에 혹시 채권자가 나타났을 때 우리 가족 대신 아버지의 조카들이 채무자들에게 시달릴 수도 있다고 들었어요. 애꿎은 다른 친척들이 송사뿐만 아니라 여러 가지 일에 시달릴 수도 있다고 하니 걱정이 많습니다. 어머니와 동생은 상속을 포기하고 저 혼자 한정승인을 해야 할까요?"

한 일간지에서 가사, 상속 문제에 대해 고민 상담을 칼럼으로 푼 적이 있다. 당시 다양한 사례에 대해 답을 했는데, 그중에서도 상속포기, 한정승인에 대한 질문이 꽤 많았다. 위의 사연 역시 그중 하나다. 실제로 상속 관련 뉴스를 보다 보면 상속포기, 한정승인에 대한 기사들이 쏟아져 나오지만 현실적으로 어떤 선택을 해야 하는지 고민하는 사람들이 여전히 많다.

- **상속포기** : 상속개시에 따라 피상속인에게 속하던 재산상의 권리·의무의 일체가 상속인에게 당연히 이전되는 상속의 효과를 거부하는 행위를 말한다. 상속인이 상속의 포기를 한 때에는 그는 처음부터 상속인이 아니었던 것이 된다.
- **한정승인** : 상속인이 상속으로 취득하게 될 재산의 한도에서 피상속인의 채무와 유증을 변제할 것을 조건으로 상속을 승인하려는 의사 표시를 말한다. 재산과 빚 중 어느 쪽이 더 많은지 모를 때 주로 택하는 상속 방식이다.
- **단순승인** : 상속의 효과를 거부하지 않는다는 의사 표시이다.

〈2024년 사법연감〉에 따르면 2023년 전국 가정법원에서 상속포기나 한정승인의 수리를 신청한 사건은 대략 5만 6000건이다. 한 달에 4500건 이상 접수된다는 의미다. 피상속인이 남겨 둔 상속재산을 어떻게 나눌 것인지 다투는 사건에 비해 그 숫자가 압도적으로 많다. 이런 사건의 대부분은 상속인들이 피상속인의 채무를 상속받을지도 모른다는 두려움에 신청하는 것으로 보인다.

물론 채무만 상속받을 것이 분명하면 상속인 입장에서는 상속포기를 하는 것이 간명하다. 하지만 그렇게 할 경우 위의 사례자가 이야기한 것처럼 후순위 상속인에게 예측하지 못한 상황이 발생할 수 있다. 당초 채무자는 피상속인 1명뿐인데, 채무자가 사망하면 1순위 상속인인 직계비속과 배우자가 채무자가 된다. 만약 1순위 상속인이 상속을 포기하면 2순위 상속인인 직계존속과 배우자, 그 후에는 채무자의 형제자매, 그 다음에는 4촌 이내의 혈족들이 본인이 알지도 못하는 사이에 상속인이 되면서 채무자의 수가 급증하게 된다. 그래서 상속포기를 했다가 친지들의 원망을 듣게 되면서 차라리 본인이 한정승인 할 걸 그랬다고 후회하는 경우가 드물지 않다. 1순위 상속인이 한정승인을 선택하면 친척들에게 이런 2차 피해가 가는 걸 막을 수 있다.

그러나 한정승인은 법원이 수리한 이후의 절차가 번거롭다는 단점이 있다. 우선 피상속인의 채권자를 찾아서 채권자에게 한정승인 신고가 수리된 사실을 통지해야 한다. 그래도 알지 못하는 채권자가 있을 수도 있으므로 신문에 채권을 신고하라고 공고도 해야 한다. 이렇게 채권자와 채권액수가 모두 밝혀지면 상속재산을 청산해야 하는데, 채권액에 따라 고르게 배당하는 것도 쉽지 않다. 그에 비해 상속포기의 경우는 채권자가 상속인을 상대로 소를 제기하면 상속포기 사실을 법원에 주장하고 자료를 제출해야 하지만 어쨌든 법원의 결정만 받으면 된다.

위의 사례자의 경우 상속재산이 없다고 했으므로 채권자들이 집행까지 진행할 이익이 없을 것이다. 만약 상속재산이 조금이라도 있고, 상속채권자들이 계속 등장한다면 회생법원의 상속재산파산 제도를 이용하는 것도 방법이다. 이 제도는 한정승인을 받은 상속인이 물려받은 재산보다 빚이 더 많을 때 상속재산 자체에 대한 파산 절차를 밟는 것이다. 한정승인을 받은 상속인이 이 제도를 이용하면 한정승인을 신청할 때와 별개로 회생법원에 제출해야 할 서류가 있고 시간이 조금 더 걸릴 수는 있지만 채무 청산을 위해 번거로운 절차를 밟는 부담에서 벗어날 수 있다.

그렇다면 상속포기나 한정승인은 언제 할 수 있을까? 상속인이 한정승인을 하거나 상속을 포기할 때에는 법에서 정한 숙려기간 내에, 즉 '상속이 개시된 것을 안 날부터 3개월 이내'에 해야 한다. 이러한 숙려기간 제도는 상속인의 이익을 위한 것이므로, 후순위 상속인의 숙려기간은 선순위 상속인의 상속포기 신고가 적법한 것으로 수리된 이후 이를 현실적으로 인식해 그 자신이 상속인이 됐음을 안 날을 기점으로 계산한다. 그래서 1순위 상속인이 3개월 내에 상속을 포기하면, 그 신고가 적법한 것으로 수리된 가정법원의 심판이 있는 날부터 다시 3개월 내에 2순위 상속인이 상속포기나 한정승인 신고를 할 수 있다. 만약 1순위 상속인이 한정승인 신고를 했다면 2순위 상속인이 상속포기나 한정승인을 할 필요는 없다.

그런데 피상속인의 사망으로 상속이 개시된 이상 각 상속인은 위 숙려기간이 지나가 단순승인의 효력이 생기기 전까지 상속포기 신고를 할 수 있고, 각 상속인이 승인과 포기를 선택할 수 있는 이 권리를 그 상속 순위에 따라 제한할 법문상의 근거가 없다(인천지방법원 2003. 4. 29. 자 2003브1 결정 참조). 따라서 상속인이 될 자격이 있는 사람, 피상속인의 직계비속, 직계존속, 배우자, 4촌 이내의 친족은 상속이 개시된 이후에는 선순위 상속인이 상속포기를 하지 않은 경우에도 선순위 상속인보다 먼저 또는 선순위 상속인과 동시에 상속포기 신고를 할 수 있다. 즉, 후순위 상속인이 상속포기를 하려고 한다면 선순위 상속인의 한정승인이나 상속포기 신고를 기다릴 필요 없이 먼저 가정법원에 상속포기 신고를 해도 된다.

    그런데 상속포기 신고 서류를 법원에 제출했다고 해서 모든 문제가 해결되는 것도 아니다. 상속포기의 신청을 가정법원이 수리하기 전에 상속인이 상속재산을 처분하는 경우가 있는데, 이것이 종종 문제가 된다. 한 예로 상속인이 가정법원에 상속을 포기하는 신고를 한 후 포기를 수리하는 심판을 받지 않았음에도 망인이 소유하던 화물차를 처분한 사례에 대한 대법원 판결이 있었다. 상속포기 신고를 수리하는 내용에 대한 법원의 심판이 고지되기 전에 상속재산을 처분했다면 상속포기가 아니라 민법 제1026조 제1호에 따라 상속인이 상속의 단순승인을 한 것으로 보아야 한다고 판시한 것이다(대법원 2016. 12. 29. 선고 2013다73520 판결). 만약 상속포기의 신고를 수리하는 내용의 법원 결정서를 받은 후에 처분했다면 상속인이 상속재산을 은닉 또는 부정 소비한 경우에 해당하지 않는 한 상속포기 신고가 수리된 효과는 유지되는 점에 비추어 조심해야 하는 부분이다. 즉, 상속포기의 신고를 수리하는 가정법원의 결정서를 받기 전까지는 상속재산의 처분은 하지 않도록 주의해야 한다.

미국 시민권자의 증여에 대해
유류분반환을 청구할 수 있을까?

젊은 시절 가난을 해결하기 위해 한국을 떠나 해외에 터를 잡은 이들의 경우, 사는 곳은 나라 밖이더라도 조국은 여전히 대한민국이라고 생각했을 것이다. 그런 사람들 중 어떤 이들은 말도 제대로 통하지 않는 외국에서 근면하고 성실하게 조금씩 일군 재산으로 대한민국에 있는 부동산을 구입했다. 실제로 변호사가 된 이후에 이처럼 미국으로 이민을 가 자수성가해 일가를 이룬 사람의 상속 문제를 접한 적이 있다.

남자는 미국으로 이민을 떠난 후 나름 성공한 자산가가 되었고, 서울에 제법 큰 부동산도 소유하고 있었다. 미국에서 세상을 떠났으며 거주지였던 캘리포니아주법에 따라 유언장을 작성한 뒤에 세상을 떠났다. 유언장의 주요 골자는 미국에 소유하고 있는 재산을 첫째와 둘째에게 주고 서울의 부동산은 막내 아들에게 준다는 내용이었다. 이때 고인의 유언에 따라 서울에 있는 부동산에 관해 막내 아들에게 유증을 원인으로 한 소유권이전등기 절차를 이행하려면 우선 그 유언이 유효해야 한다.

국제사법 제78조[20]는 유언은 유언 당시 유언자의 본국법에 따른다고 정하고 있다. 그리고 유언의 방식은 다음 넷 중 어느 하나의 법에 따르며, 그 네 가지는 다음과 같다. 유언자가 유언 당시 또는 사망 당시 국적을 가지는 국가의 법, 유언자의 유언 당시 또는 사망 당시 일상거소지법日常居所地法(당사자의 일상거소가 있는 국가의 법), 유언 당시 행위지법行爲地法(법률 행위가 행하여진 지역의 법률로 국제사법에서 하나의 준거법으로 인정한다), 부동산에 관한 유언의 방식에 대해서는 그 부동산의 소재지법所在地法(물건이 존재하는 곳의 법률로 국제사법에서 물권 관계의 준거법으로서 인정된다)이다. 이 사례에서 망인은 사망 당시 미국 시민권자로서 캘리포니아

---

20 현행 국제사법은 2022. 1. 4. 법률 제18670호로 전부개정되어 2022. 7. 5부터 시행되고 있다. 전부개정 전 국제사법은 제50조에서 유언에 관한 규정을 두었는데 현행과 같은 내용이다.

주에 살면서 캘리포니아주법에 따라 유언장을 작성했고, 이는 유효한 유언의 방식이다.

나는 당시 막내 아들을 대리하여 상속등기를 해 주면서 자녀들 사이에 불평이 있을 법도 한데 유류분 분쟁은 없었을까 궁금했다. 미국에 있는 재산에 비해 한국에 있는 부동산이 비교할 수 없을 정도로 가액이 컸기 때문이다. 다행히 첫째와 둘째는 막내를 상대로 유류분반환청구를 하지 않았다.

그 이후로도 이 부분에 대한 궁금함이 계속 남아 있었는데 얼마 전 미국 시민권자인 아버지가 한국에 있는 부동산을 일부 자녀에게 증여하고 사망하자 자녀 중 1인이 유류분이 침해됐다고 주장하면서 유류분반환청구 소송을 했고, 이 사안에 대해 서울고등법원에서 한 판결(서울고등법원 2018. 9. 7. 선고 2018나2005889 판결)이 확정됐다는 내용을 알게 되었다. 이 판결의 사실 관계는 다음과 같다.

망인은 전혼에서 자녀들(원고)을 두었고, 이혼한 후 재혼해 다시 자녀(피고)를 두었으며, 1987년경 미국으로 이민한 이후 미국 시민권을 취득했다. 그 후 한국에 제법 많은 부동산을 마련했고 생전에 마련한 부동산을 피고에게 증여했다. 세상을 떠나기 전 미국 법에 따라 유언증서를 작성했는데, 그 내용 대부분은 피고에게 부동산과 금융재산을 유증한다는 것이었다. 망인은 이 같은 내용의 유언증서를 작성하고 이를 미국 뉴욕주의 공증인을 통해 공증했다. 그런데 망인이 뉴욕주에서 사망하자 원고가 피고에게 유류분의 반환을 구하는 소를 제기한 것이다.

상속의 준거법이 한국법이면 한국의 법률이 적용되고, 준거법이 외국법이면 외국의 법 규정이 적용될 것이다. 여기서 상속은 상속의 개시, 상속재산의 범위, 법정상속인의 범위, 상속인의 순위, 필요적 상속분, 상속의 승인과 포기 등 다양한 문제를 포함한다. 또한 유류분권, 유류분권의 실행 방법, 유류분의 포기도 상속준거법에 따른다. 따라서 만약 한국법이 준거법으로 정해지면 원고는 유류분의 침해를 주장할 수 있고, 반면 유류분 권리를 인정하지 않는 미국법이 준거법이 되면 원고가 유류분의 침해를 주장할 수 없다.

위 사안의 1심 법원은 "망인의 사망으로 인한 상속에 관한 준거법으로는 미국 뉴욕주법이 적용될 수밖에 없고, 미국 뉴욕주법에는 상속과 관련해 유류분 제도가 존재하지 않으므로, 원고의 유류분이 침해됐음을 전제로 한 원고의 주장은 이유 없다"고 판단했다.

원고는 이러한 판결에 대해 항소했는데, 항소심 역시 미국 국제사법의 일반원칙Restatement of the Law, 2nd, Conflict of Laws 및 미국 뉴욕주 법률New York State Law Estates, Powers & Trusts의 관련 규정은 유언에 의한 부동산의 처분 등에 관한 것이고, 망인이 부동산을 생전에 증여한 이 사건에서 적용될 여지가 없다고 판단했다.

원고는 대한민국 민법의 유류분 제도는 유족들의 생존권 보호 등을 입법 목적으로 한 강행 규정이므로, 외국법이 준거법으로 지정되는 경우에도 전부개정 전 국제사법 제7조에 의해 이를 적용해야 하고, 이 사건의 경우 유류분 제도를 인정하지 않는 뉴욕주법을 적용하면 대한민국의 공서양속[21]에 명백히 위반되는 결과가 되므로 전부개정 전 국제사법 제10조에 의해 뉴욕주법을 적용해서는 안 된다고 주장했지만 항소심 법원인 서울고등법원은 이에 대해서도 다음과 같이 판단했다.

"유류분반환청구권은 포기할 수 있는 재산상의 권리

---

21   공공의 질서와 선량한 풍속을 아울러 이르는 말. 법률 사상의 지도적 이념으로, 법률 행위 판단의 기준이 되는 사회적 타당성이 인정되는 도덕관을 말한다.

인 점 등에 비추어 보면, 유류분 제도가 준거법에 관계없이 적용돼야 하는 대한민국의 강행 규정이라고 볼 수 없고, 피상속인의 본국법이 유류분을 인정하지 않는 경우에 그 법률을 적용하는 것이 대한민국의 공서양속에 위배된다고 할 수도 없다."

이처럼 상속준거법이 외국법이고, 외국의 상속법에 우리의 유류분과 같은 규정이 없을 때, 우리 민법의 유류분 규정이 국제적 강행 법규인지 의견이 대립될 수 있는데 위 사례와 같이 공서양속 위반이 아니라고 판시한 것이다.

당초 한국인이었으나 외국 시민권을 취득하고 한국 국적은 포기한 사람들의 사망으로 상속이 개시되는 일이 종종 있다. 그들의 상속인이 한국 국적을 보유하고 있거나, 상속재산이 한국에 있는 경우 한국법에서 정한 권리 의무를 근간으로 해서 상속인들 사이에 법적 다툼이 발생할 수도 있다. 그러나 최소한 유류분을 인정하지 않는 국가의 시민권을 가지고 있는 피상속인이 생전에 한국에 있는 부동산을 증여한 경우에는 상속인들이 유류분 다툼을 할 수 없다는 것은 명확하다.

자필증서 유언은
어떻게 남겨야 할까?

"할머니가 돌아가시기 전에 고모에게 남기신 유언장이 있었어요. 장남인 저희 아버지 상황이 좋지 않아서 작은아버지가 할머니를 꽤 오래 모시고 사셨는데, 돌아가시기 전에 할머니와 작은어머니 사이가 좋지 않았어요. 그 때문인지 유언장에 재산 대부분을 저희 아버지와 고모에게 주신다고 해두셨더라고요. 할머니 돌아가시고 나서 고모가 그 유언장을 꺼냈을 때 한바탕 난리가 났죠. 그런데 할머니가 남기신 유언장이 아무 소용없더라고요. 날짜와 이름만 적고 도장을 찍어 두셨거든요. 그런데 그것만으로는 법률적인 효력이 없다고 하더라고요."

오래전 지인이 들려준 이야기였다. 실제로 많은 사람이 죽기 전에 글이나 말로 유언을 남기고, 이것이 유언으로서 효력이 있다고 생각한다. 그러나 유언은 민법이 정한 '자필증서, 녹음, 공정증서, 비밀증서, 구수증서' 다섯 종류[22]가 있고, 각 방식은 엄격한 요건을 요구한다. 실제로 민법 제1060조는 "유언은 본법이 정한 방식에 의하지 아니하면 효력이 생기지 아니한다"라고 규정하고 있다. 유언 방식에 대해 이처럼 엄격한 방식을 요구하는 이유에 대해 학자들은 "유언은 유언자가 사망한 후에 그 효력이 발생하기 때문에 유언이 존재하는지 여부, 유언의 내용이 유언자의 진의인지 여부를 확인하는 것이 다른 법률 행위보다 어렵기 때문"

---

[22] 자필증서는 유언자가 직접 자필로 유언장을 작성하는 형태의 유언이며, 녹음은 증인의 참석 하에 유언자가 유언의 내용과 성명 등을 정확히 말하고 증인이 다시 확인하는 형태의 유언으로 동영상으로 찍는 경우도 이에 해당한다. 공정증서는 증인 2명이 참석하고 공증인이 유언을 받아 적으며 유언자와 증인이 받아 적은 유언을 확인하는 방식이다. 비밀증서는 유언자가 유언을 작성하고 증인 2인이 이상이 보는 앞에서 이를 봉하고 유언을 썼음을 확인시키는 형태의 유언 방식이다. 구수증서는 앞의 네 방식과 같은 절차를 치르기 힘든 급박한 상황에서 하는 유언으로, 공정증서와 비슷하게 2인 이상의 증인이 참석한 상황에서 유언을 쓰게 하고 증인과 유언자가 확인하는 방식이다. 공증인을 부르는 등의 절차는 없으나 상황이 종료된 이후 7일 이내에 법원에 검인을 받아야 하고 유언을 한 상황이 급박한 상황임을 보여야 유언으로 인정받을 수 있다.

이라고 설명한다.

어쨌든 이 다섯가지 방식 중에서도 사람들 대부분은 자필증서에 의한 유언이나 공정증서에 의한 유언을 남긴다. 이중 자필증서에 의한 유언은 유언자가 자필로 유언에 대한 내용을 모두 적고 날짜(연월일), 주소, 성명을 적은 후 날인해야 한다. 위에서 이야기한 이의 조모가 남긴 유언장은 주소가 없으므로 법적 효력이 없었다.

실제로 자필증서 유언은 누구나 쉽게 할 수 있다는 장점이 있어 많이 이용되지만 법률이 요구하는 요건을 모두 충족하지 못해서 무효로 선언되는 경우가 많고, 그중에서도 연월일, 성명, 날인 외에 주소 기재 여부로 다툼이 있는 경우가 꽤 많다. 유언장을 작성하면서 년월일, 성명, 날인까지는 쉽게 떠올릴 수 있지만 주소를 적어야 한다는 걸 아는 사람이 드물다.

심지어 특정 재산을 특정 상속인에게 상속하겠다는 자필증서 유언에 주소가 기재돼 있지 않은 일로 헌법재판소에 이 민법 조항의 위헌 여부가 문제된 적도 있다. 당시 사건의 청구인은 "주소가 기재되어 있지 않아도 유언을 남긴 사람이 누구인지 특정하는 것은 어려운 일이 아니므로, 주소가 쓰이지 않았다고 해서 망자가 남긴 유언장을 무효라고 하는 것은 유언자의 진정한 의사를 무시한 것이고, 이는 헌법 전문 등에서 보장하는 유언자의 유언 자유를 지나치게 제한한 것이다"라고 주장했다. 그러나 헌법재판소는 이에 대해 주소가 없는 유언장이 무효인 것이 위헌이 아니라고 판시했다. 물론 이 판시에 대한 반대 의견도 없지 않았다.

  대한민국 법원은 여전히 자필증서 유언의 방식을 엄격하게 요구한다. 유언장에 적힌 내용을 수정하는 경우에도 유언자가 직접 쓰고 날인해야 한다. 대법원은 그 이유에 대해서 "유언자의 진의를 명확히 하고 그로 인한 법적 분쟁과 혼란을 예방하기 위해서이며, 이에 따라 법으로 정해진 요건과 방식에 어긋난 유언은 그것이 유언자의 진정한 의사에 합치하더라도 무효라고 본다"라고 설명하고 있다.

  유언자가 남긴 유언장이 법에서 정한 요건을 모두 충족하지 않더라도 유언자를 특정하는 데는 전혀 문제가 없을 수 있다. 그러나 민법이 정한 요건을 완벽하게 충족해야 그 유언장은 효력이 있다. 그래서 실무에서는 유언자가 적은 주소지가 실재하는지, 주소의 일부를 적은 것이 주소라고 평가할 수 있는지 등이 쟁점이 되기도 한다. 하지만 민법이 요구하는 요건을 모두 갖추었다고 해서 문제가 사라지는 것은 아니다. 요건을 모두 구비한 자필증서 유언도 과연

진정하게 작성된 것인지, 다른 사람이 작성한 것은 아닌지에 대해서도 다툼이 있다. 한편 비록 개정에 이르지는 못했지만 법무부 민법개정특별위원회의 2011년 개정안은 자필증서 유언의 방식 가운데 주소와 날인 요건을 삭제했다.

그런데 시대가 달라지고 기술이 발전하면서 자필증서 유언에 대해 생각해 봐야 할 것이 또 한 가지 생겼다. 예전에는 대부분 문서를 손으로 작성했지만 지금은 많은 사람이 컴퓨터와 스마트폰, 태블릿과 같은 기기를 이용해 기록을 남긴다. 짧은 메모나 독서 노트에서부터 일기, 일정 관리에 이르기까지 수기로 쓰는 경우가 드물다. 이 사람들이 죽을 때가 되었다고 해서 자필로 유언장을 남길 가능성이 얼마나 될까? 이들이 스마트폰이나 태블릿 같은 기기에 유언장을 남기면 법적으로 자필증서 유언이 아님이 분명하다. 하지만 그렇다고 하여 무효인 유언이라고 단정하기에는 마음이 아프다.

유언의 방식을 엄격하게 요구하는 것은 유언자를 특정하고 유언자의 진의를 명확하게 하기 위해서이다. 그렇다면 시대가 달라지고 있는 만큼 자필증서 유언의 방식도 바뀌어야 하지 않을까? 지금 당장 한 번에 정리될 일은 아니므로 이제부터라도 고민해 봐야 한다.

치매 환자가 작성한 유언도 유효할까?

"어머니가 분명히 지금 사시는 집을 저에게 주신다고 하셨어요. 유언으로 남겨 두셨고 법적으로 공증받은 유언입니다. 그리고 이미 동생은 이전에 매제가 사업에 실패했을 때 어머니에게 많이 받아 갔어요."

"엄마는 3년 가까이 치매를 앓으셨어요. 오빠가 모시고 살았으니, 그 옆에서 본인 뜻대로 엄마를 좌지우지했겠죠. 제가 엄마를 만났을 때는 집 얘기는 없었다고요. 다 오빠가 한 짓이에요. 오빠가 말하는 유언장은 믿을 수 없어요."

삼 남매는 고인이 된 어머니가 남긴 유일한 상속재산

인 집을 두고 싸웠다. 장남은 공증사무소에서 공증을 받은 모친의 유언장을 들고 왔다. 유언장에는 고인이 자식들에게 각각의 비율로 유증하는 내용이 적혀 있었고, 상속 비율은 분수로 표현되어 있었다. 그러나 두 여동생은 오빠의 말을 믿지 않았다. 실제로 확인해 보니 고인은 지난 몇 년 간 치매를 앓아 왔고, 돌아가시기 반 년 전부터는 종종 아들딸들을 알아보지 못할 만큼 상태가 나빴다.

실제로 고령의 노인이거나 치매를 앓고 있는 유언자가 한 유언에 대해 상속인이 유언자에게 유언 능력이 없었다는 이유로 유언의 무효를 주장하는 분쟁은 생각 외로 많다. 우리나라만 그런 것은 아니다. 독일의 사례를 보면 조현병을 앓는 한 환자가 자신의 조카에게 재산을 상속한다는 유언을 남겼는데, 그는 생전에 자신의 집에 망명자들과 집시들이 살면서 자신을 위협하고 있다는 환각 증상을 앓고 있었다. 그러나 법원은 환자가 그런 상태에서도 자신의 재산 관계와 유증의 의미를 알고 있음을 확인하고 그에게 유언능력이 있다고 인정했다.

우리나라에도 대표적인 사례가 하나 있다. 2000년부터 치매를 앓기 시작했던 유언자가 1996년부터 2007년까지 여섯 번에 걸쳐 공정증서 방식으로 유언을 했는데, 상속인 중 한 명이 여섯 번째 유언은 유언 능력이 없는 상태에서 행해졌고, 공정증서 방식의 절차도 위배됐다고 주장하면서 소송을 제기했다. 이 소송은 무려 유언자 사망 후 9년이 지난 후에 대법원에서 유언이 무효가 아닌 것으로 종결되었다.

치매를 앓던 유언자의 유언 능력의 유무를 둘러싸고 유언자 사망 후 9년이 지나도록 법적 공방을 한 것은 그 판단이 그만큼 어렵다는 것을 방증한다. 유언은 법률 행위이지만 그 내용의 이해관계인이 본인이 아닌 법정상속인이고, 유언자의 최종 의사는 존중돼야 하지만 본인 보호의 필요성은 적다는 점에서 일반적인 재산상 법률 행위와 다르다.[23] 치매를 앓고 있는 사람이 본인 소유의 재산을 사후에 가장 아끼는 가족에게 유증하는 것과 현재 시점에 아무런 교유관계가 없는 제3자에게 헐값으로 매도하는 행위는 평가를 달리 할 수 있을 것이다. 내가 변호사로서 진행했던 한 사건에서도 담당 재판부는 다음과 같이 판시한 바 있다.

---

23 김현진, 〈치매와 유언능력 그리고 구수요건〉, 《민사판례연구 39》 참고.

"유언 능력이란 유언의 취지를 이해할 수 있는 의사 식별 능력으로서 그 성격 등에 비추어 재산적 행위에 요구되는 정도의 능력을 의미하는 것은 아니고, 유언 능력의 유무는 사실 인정의 문제로서 유언자가 유언의 내용과 그에 따른 법률 효과를 이해하고 판단하는 데 필요한 능력을 갖추고 있었는지 즉, 유언자의 유언 당시의 판단 능력, 질병의 상태, 유언의 내용, 유언 작성 당시의 상황, 유언에 대한 종래從來의 의향, 수증자(유언에 의한 증여[유증]를 받는 자)와의 관계 등을 고려해 구체적인 사안에 따라 개별적으로 판단해야 한다."

내가 진행했던 이 사건은 유언자의 유언이 무효라는 판결을 받았는데, 당시 고인은 인지능력이 저하되어 그가 유언을 남길 무렵에는 분수의 개념을 이해하는 능력이 없었던 것으로 추정됐고, 아마도 이런 상황이 반영되었던 것으로 짐작한다.

원칙적으로는 고령에 이르러 치매를 앓고 있어도 유언을 하는 데는 문제가 없다. 하지만 유언의 유·무효를 다투는 분쟁은 보통 유언자의 사후에 이루어진다. 이런 점을 감안하면 유언서를 작성하는 경우에는 유언 능력에 문제가 없다는 취지의 의사 진단서를 받아두는 것도 나중에 일어날 수 있는 분쟁을 예방하는 방법이다.

돌봄과 상속에 대한 노년의 불안을 해소할 대안이 있다면?

할머니와 할아버지는 사이가 좋았고 사는 형편도 나쁘지 않았다. 슬하에 아들이 한 명 있었는데, 이 아들은 외국에 살고 있었다. 아들을 자주 보지 못해 아쉬웠지만 해외에서 인정받고 제 몫을 다하며 사는 아들이 자랑스러웠다. 당시는 인터넷 전화나 화상 통화도 없을 때여서 서로 편지를 주고받는 게 다였고, 2~3년에 한 번씩 노부부가 아들을 찾아가거나 아들이 한국에 들어와 짧게 정을 나누는 것이 전부였다.

노부부는 서울 외곽에 집을 짓고 살았는데, 그 인근에 친척 조카 내외가 살고 있었다. 적적한 노인들은 아들 대신 친척 조카 내외에게 많은 것을 의지했다. 심지어 별채를 내주고 그들이 들어와 살기를 바라기도 했다. 노부부는 조카 내외에게 나중에 자신들이 죽으면 집 한 채 정도 살 수 있는 돈을 주겠다고, 그러니 마지막까지 잘 부탁한다는 말도 자주 했다. 충분히 이해가 되는 일이었다. 나이가 들수록 피붙이의 정이 그립고 가족의 돌봄이 필요한 법이다.

조카 내외는 노부부가 유언장이라도 작성해 놓기를 바랐지만 남도 아닌 친척 어르신들에게 상속에 대한 약속을 서면으로 작성해달라고 말하지 못했다. 두서너 달에 한 번씩 용돈이라며 손에 뭐라도 쥐여주던 분들이니 약속을 지킬 것이라고 그저 믿었다. 실제로 조카 내외는 2년 전 할아버지가 세상을 떠나고 최근 할머니가 눈을 감을 때까지 두 노인을 곁에서 챙기고 살폈다. 그러나 할머니의 장례 절차가 다 마무리된 후 해외에 살던 아들은 노부부의 재산을 정리하고 아무런 말이 없었다.

"그때 뭔가 잘못되었다는 생각이 들었습니다. 그래서 형님에게 찾아가 물었어요. 어르신들이 약속했던 것은 언제 줄 거냐고. 그랬더니 대뜸 그러대요. 무슨 말을 하는 거냐고요. 부모를 잘 돌봐 줘서 인사는 할 생각이었는데, 약속 같은 건 듣지 못했다는 거예요. 돌아가신 분들이 그간 감사 인사는 여러 번 하지 않았냐고, 그것으로 충분하다고 생각했다고도 하대요. 자식으로서 사례금은 준비하겠다고 하는데 괜히 억울하고 서운하고 기막히더라고요. 저희가 먼저 돈을 달라고 한 것도 아니고, 그분들이 먼저 주겠다고 한 거잖아요. 그러면서 잘 부탁한다고 몇 번을 말했었는지 몰라요."

조카 내외는 그렇게 노부부의 아들과 실랑이를 벌인 끝에 결국 그를 상대로 약정금 소송을 제기했다.

당시 이 사건의 담당판사였던 나는 문서로 작성된 증거도 없고 원고 부부 외에 다른 증인도 없는 이 사건을 재판하면서 원고 부부의 말이 맞다면 왜 노부부는 생전에 원고 부부에게 재산을 증여해 주지 않았을까 궁금했다. 그저 나의 주관적인 생각일뿐이지만 그 이후 다른 사례들을 보면서 그 의문은 조금씩 풀렸다. 부모가 자녀들에게 어떤 것을 전제로, 예를 들어 재산을 증여한 이후 같이 살면서 평생 자신들을 모시는 것으로 약속을 받은 후 증여를 해도 자식과 분쟁이 생기는 사건들을 보면서, 미리 재산을 주고 나면 본인들을 나 몰라라 할까 봐 주지 못한 것이 아닌가 생각했다. 실제 부모 자식 사이에도 서로 기대하는 바가 달라서 소송을 불사하는 사례가 종종 있다.

만약 원고인 조카 부부가 경제적 이익에만 급급했다면 노부부와 밀접한 관계라는 점을 이용해서 재산을 빼돌렸을 수도 있다. 예전에는 인감증명서만으로도 재산을 쉽게 처분할 수 있었고, 자식처럼 믿었던 사람에게 전 재산을 빼앗긴 억울한 사연도 많이 보았다. 그러나 조카 내외는 오랜 시간 두 노인과 허물 없이 지냈으면서도 노부부의 재산에서 본인들의 이익을 취하지 않았다. 그랬던 만큼 많은 보수를 기대하고 노부부 곁에서 산 것은 아니지만 그간의 수고를 제대로 인정받지 못했다는 것이 억울했을 수도 있다.

만약 내 생각대로 노부부가 생전에 조카에게 재산을 증여하지 않은 것이 재산만 받고 돌봐 주지 않을지 모른다는 불안 때문이라면, 이런 고민을 해결할 방법이 있다. 신탁 제도를 활용하는 것이다. 재산을 보유하고 있는 본인은 위탁자로서 재산을 관리해 줄 수탁자와 신탁계약을 체결하면서 특정인을 수익자로 지정해, 위탁자 사후 일정 금액이나 특정 부동산을 수익자에게 주도록 약정하면 된다. 가령 위의 사례에서 위탁자인 노부부가 수탁자인 제3자와 신탁계약을 하면서 사후에 조카 내외를 수익자로 설정하고 그들에게 재산 일부를 주도록 약정해 놓는 방식이다.

이 사건은 여러 번 기일을 진행한 끝에 조정으로 정리되었지만 금액이 합의가 됐을 뿐, 원고인 조카 부부와 피고인 노부부의 아들 사이의 감정은 조정되지 못했다. 노부부의 아들은 원고인 조카 부부에 대해서 이전까지는 자신을 대신해서 부모를 돌봐 준 고마운 사람들이라고 생각했겠지만, 이제는 돈 때문에 내 부모를 돌봐 주고 생색내는 사람들이라고 기억하지 않을까? 조카 부부 역시 노부부의 아들을 고마워할 줄 모르는 뻔뻔한 사람이라고 생각하지 않을까?

불행한 일이다. 나는 원고 부부가 선의로 노부부를 돌보았다고 생각했다. 노부부의 재산을 온전히 보전한 것을 보아도 그렇다. 아마 노부부도 이런 조카 부부의 마음을 알고 있기에 어떤 방식으로 사례를 해야 할지 고민했을 것 같았다. 다만 목돈을 주고 싶지만 혹시 조카 부부가 그 돈을 받고 나서 이사 가면 어쩌지, 계속 같이 살더라도 이제 받을 것은 다 받았다고 전과 같지 않으면 어쩌지 하는 불안과 걱정이 있지 않았을까? 그 때문에 옆에서 살갑게 보살펴 주는 조카 부부에게 구체적으로 약속하지 못했을 것으로 짐작했다.

만약 노부부가 신탁 제도를 활용해서 사후에 조카 부부에게 일정 금액이 돌아가도록 했다면 어땠을까? 신탁계약을 체결할 때 노부부가 오래 살수록, 즉 보살핌을 받는 기간이 길어질수록 조카 부부가 받는 돈이 증가하도록 설계할 수도 있고, 혹은 사용하고 남은 재산 중에서 일정 부분 조카 부부에게 주는 것으로 할 수도 있다.

뿐만 아니라 신탁 제도를 이용하면 미리 증여를 했지만 예상하지 못한 변수가 생겨서 증여를 해제해야 하는 난감한 경우도 예방할 수 있다. 신탁계약을 체결한 후 원고 부부가 마음이 바뀌어서 자신들을 예전같이 보살피지 않을 때는 수익자 지정을 철회할 수 있도록 약정할 수도 있다. 경우에 따라서는 법원의 허가가 필요한 경우도 있지만 이미 이행된 증여를 해제하는 것과는 난도가 다르다. 원고 부부가 선한 마음을 갖고 있었다면 계약 체결 이후 더 극진히 노부부를 부양하지 않았을까?

사람은 대부분 고령이 되면 재산 관리 외에도 다른 사람의 보살핌이 필요하다. 거동하기 힘든 사람을 돌보고 살림을 보살펴 주는 일이 얼마나 어려운지 잘 알기 때문에 보살핌을 받는 대신 그 대가를 지급해야 한다고 해도 그렇게 하면서 누구든지 좋은 사람과 오랜 시간 같이 하기를 희망할 것이다. 그럴 때 지금 내 곁에 있는 사람이 지금처럼 나를 보살펴 준다면 사후에 특정 금액을 지급하겠다는 약속을 신탁계약으로 이행하는 것이 가능하다.

변호사가 된 뒤에 만난 어떤 부부는 자녀가 한 명이라 상속 계획을 세우거나 유언장을 작성하지 않아도 아무 문제없을 거라고 이야기했다. 그러나 이처럼 전혀 갈등이 없을 것 같은 부모 자식 사이에도 상속 분쟁으로 가슴앓이를 하기도 한다. 가령 남편이 사망하는 경우 아내는 상속재산 중 특정 부동산을 본인이 상속받아 상속세를 줄이고 차차 아들에게 이전하려고 하지만, 아들 역시 그 특정 부동산을 이용해서 대출을 받아 사업에 활용할 생각이 있어 모자 사이에 분쟁이 생기기도 하고, 어떤 경우에는 서로 금융재산을 받고 싶어 다투기도 한다.

피상속인이 평생에 걸쳐 피땀으로 일군 상속재산을 사랑하는 배우자와 자식들에게 상속하는 경우, 대부분 상속을 통해 상속인들이 피상속인을 감사하게 기억할 것을 기대한다. 하지만 남겨 놓은 상속재산으로 인해 상속인들이 다투고 상처받고 피상속인을 원망하는 경우도 숱하게 보아 왔다. 그래서 나는 상속에 대해서 오로지 절세만 염두에 둔 사람들을 만나면 본인이 떠난 뒤 남은 사람들에게 어떤 모습으로 기억되길 원하는지 묻는다. 그리고 특정재산을 특정 상속인에게 상속하려는 경우, 그가 꼭 상속받아야 하는 구체적인 이유가 있는지도 묻는다.

　물론 아직까지는 신탁계약을 체결했다고 해서 세제상 혜택을 받는 것은 거의 없다. 어쩌면 신탁계약은 절세라는 측면에서는 불리할 수도 있는 방법이다. 신탁계약을 체결한다고 해도 유류분 소송에서 자유롭다고 단언하기도 어렵다. 그럼에도 불구하고 신탁계약에는 분명한 장점이 있다. 분쟁을 확대하거나 갈등을 증폭하지 않고 조기에 수습할 수 있는 힘이 있다는 사실이다.

이야기를 마치며

이혼 재판을 1심에서 3년 동안 진행한 적이 있다. 서로 이혼에 동의했고 자녀들도 모두 성년이 되어 남은 쟁점은 재산분할이었다. 유책배우자라고 해서 재산분할에서 특별히 불리한 것도 아니니 상대방을 도덕적으로 비난하지 않고 냉철하게 숫자만 주장하고 입증하면 된다고 생각할지 모르지만 재산분할 다툼도 만만치 않다. 재산형성과 유지 관리에 관한 기여도에 관해 주장하면 자연스레 상대방의 분노 값은 올라갈 수밖에 없다. 법정에 선 부부는 한 번도 상대방을 바라보지 않고 서로를 끝없이 비난하며 날을 세웠다. 1심 재판부가 우리의 주장을 많이 인용해 주자 상대방은 바로 항소장을 제출하고 항소심에서도 같은 주장을 되풀이했는데, 항소심 선고를 앞두고 갑자기 합의를 제안해 왔다. 만약 아이들에게 일정 정도 재산을 증여한다고 약속하면 1심의 재산분할금으로 정리하겠다는 거였다. 내 의뢰인은 잠시 고민하더니 긍정적으로 검토하겠다고 답했다. 3년 가까이 재산분할을 두고 서로 원수가 되어 치열하게 다퉜지만 양측 모두 '자녀'를 생각하면서 자신의 견해를 수정한 것이다.

한편 이런 사례도 있다. 오빠를 상대로 상속재산분할심판을 청구하면서 법정에서 존대는커녕 오빠를 '상대방'이라고 하지도 않고 ○○○ 씨라고 말했다가 오빠로부터 싹수없다고 된통 혼이 난 동생이 있었다. 서로를 부모에게 불효한 배은망덕한 사람이라고 원색적인 비난을 했지만 막상 조정이 성립되자 오빠는 동생에게 아버지 기일에 보자고 했고, 동생은 활짝 웃으며 "알았어, 오빠. 아버지가 좋아하셨던 과일 사 가지고 갈게"라며 애정을 드러냈다.

가족 분쟁의 어떤 과정과 결과는 완전한 남과 벌이는 법정 다툼과는 다를 때가 있다. 형제가 치열하게 싸우다 가슴에 쌓인 응어리가 풀리고 나면 갑자기 원만하게 합의가 되기도 하고, 남매가 죽일 듯이 싸우다가도 어머니 때문에 마음을 돌리기도 한다. 다툼의 면면이나 예상 밖의 결과를 지켜보다 보면 아니 어떻게 그럴 수 있지? 하는 생각이 들곤 하지만 이것은 가족이기 때문이다. (물론 끝까지 지독하게 다투고 파국에 이르는 가족도 많다.)

수없이 많은 가족 분쟁을 곁에서 지켜봐 오며 어쩌면 사람들은 궁극적으로 상대에게, 가족들에게 혹은 가족 중 특정한 누군가에게 자기 자신을 인정받고 싶었던 게 아니었을까, 사랑하고 사랑받고 싶었던 게 아니었을까 하는 생각해 보곤 한다. 그래서 가족이 법정에서 만나 다투는 일은 언제 보아도 가슴 아프지만 가족이기 때문에 다른 방식으로 문제를 해결할 수 있다고 생각한다. 그렇기에 나는 변호사로서 분쟁 한 가운데에서 다투기보다 가능하면 분쟁이 발생하지 않도록 미리 준비하고 가족들이 다른 방식으로 문제를 해결해 나갈 수 있도록 돕는 역할을 하고 싶다.

작가 신경숙의 소설집 《달에게 들려주고 싶은 이야기》에 실린 〈하나님의 구두〉라는 이야기에는 삶의 신조가 무엇이냐는 친구의 질문에 고흐가 "침묵하고 싶지만 꼭 말을 해야 한다면 이런 걸세. 사랑하고 사랑받는 것, 산다는 것, 곧 생명을 주고 새롭게 하고 회복하고 보존하는 것. 불꽃처럼 일하는 것. 그리고 무엇보다도 선하게. 쓸모 있게 무언가에 도움이 되는 것. 예컨대 불을 피우거나, 아이에게 빵 한 조각과 버터를 주거나, 고통받는 사람에게 물 한 잔을 건네주는 것이라네"라고 답하는 대목이 있다.

    가족 안에서 고통받는 아이에게 새 삶을 살 수 있는 기회를 주고 싶다. 가족과의 법정 다툼으로 심신이 다친 사람에게 물 한 잔을 건네고 그의 이야기를 듣고 그에게 쓸모 있는 도움을 주고 싶다. 그들이 괴로운 상황에서 벗어나 삶을 회복할 수 있도록 제 역할을 다하고 싶고 무엇보다 선하게 그 일들을 해 나가고 싶다. 모든 순간 이렇게 살 수는 없겠지만 가능한 한 그런 삶을 살 수 있도록, 그런 일을 할 수 있도록 앞으로도 애쓰고 싶다.

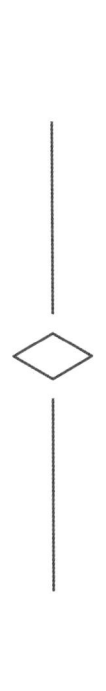

가족, 법정에 서다

ⓒ 배인구

1판 1쇄 발행 2025년 7월 17일
지은이 배인구
편집 김수진
디자인 이영케이 김리영
펴낸이 김수진
펴낸곳 ㈜인티앤 **출판등록** 2022년 4월 14일 제2022-000051호
전자우편 editor@intiand.com
제작 세걸음

ISBN 979-11-93740-15-6 03300

- 이 책은 저작권법에 따라 보호를 받는 저작물이므로
  무단 전재와 무단 복제를 금합니다.
- 이 책의 전부 또는 일부를 이용하려면 반드시
  저자와 출판사의 동의를 받아야 합니다.